读客经管文库

长期投资自己,就看读客经管。

成为可怕的自律人
把拖延症瞬间变得超级自律的自我提问法
Triggers: Creating Behavior That Lasts—Becoming the Person You Want to Be

[美] 马歇尔·古德史密斯　马克·莱特尔　著　张尧然　译

Marshall Goldsmith
Mark Reiter

文匯出版社

图书在版编目（CIP）数据

成为可怕的自律人 /（美）马歇尔·古德史密斯（Marshall Goldsmith），马克·莱特尔（Mark Reiter）著；张尧然译. -- 上海：文汇出版社，2021.11
 ISBN 978-7-5496-3563-4

Ⅰ.①成… Ⅱ.①马… ②马… ③张… Ⅲ.①自我管理—通俗读物 Ⅳ.①C912.1-49

中国版本图书馆CIP数据核字（2021）第102955号

Triggers: Creating Behavior that Lasts-Becoming the Person you want to Be by Marshall Goldsmith and Mark Reiter.
Copyright© 2015 Marshall Goldsmith, Inc.
This edition arranged with Queen Literary Agency through BIG APPLE AGENCY, INC., LABUAN, MALAYSIA.
Simplified Chinese edition copyright: 2021Dook Media Group Limited
All rights reserved.

中文版权 © 2021 读客文化股份有限公司
经授权，读客文化股份有限公司拥有本书的中文（简体）版权
著作权合同登记号：09-2021-0447

成为可怕的自律人

作　　者　/　［美］马歇尔·古德史密斯　　马克·莱特尔
译　　者　/　张尧然

责任编辑　/　若　晨
特约编辑　/　敖　冬
封面设计　/　于　欣

出版发行　/　文汇出版社
　　　　　　上海市威海路755号
　　　　　　（邮政编码200041）

经　　销　/　全国新华书店
印刷装订　/　三河市龙大印装有限公司
版　　次　/　2021年11月第1版
印　　次　/　2024年1月第9次印刷
开　　本　/　890mm×1270mm　1/32
字　　数　/　171千字
印　　张　/　7.75

ISBN 978-7-5496-3563-4
定　　价　/　55.00元

侵权必究
装订质量问题，请致电010-87681002（免费更换，邮寄到付）

我看到一个乞丐拄着他的木拐杖,
他对我说:"你不该索要得这么多。"
还有一个漂亮女子倚在她暗色的门里,
她对我喊道:"嘿,为什么不索要更多呢?"

——里奥纳德·科恩(Leonard Cohen),
《惊弓之鸟》(*Bird on a Wire*)

目 录

前 言 / I

1 我们为什么没能成为我们想成为的人

01. 2条改变行为的永恒真理 / 003
02. 阻止你改变的15个思维误区 / 011
03. 我们生活的环境让我们做出本不想做的行为 / 024
04. 一个诱因就是一次刺激 / 036
05. 在诱因面前，我们总有选择 / 049
06. 我们是超级计划人，也是差劲行动人 / 057
07. 预测你所在的环境 / 068
08. 设计你的改变之轮 / 078

2 积极的尝试

09．积极提问的力量 / 095

10．积极问题让你尝试改变 / 105

11．每日问答能创造让改变发生的环境 / 118

12．计划人、行动人和教练 / 135

13．你想做出积极的改变吗 / 147

3 请多点规划吧

14．没有规划，我们难以开启积极改变 / 163

15．一定要找到属于你自己的规划 / 169

16．损耗会影响积极行为 / 174

17．当我们最需要帮助时，却很难找到帮助 / 182

18．规划越简单，我们就越能坚持下去 / 187

19．"差不多"带来的麻烦 / 194

20．只要我开始改变，一切都会改变 / 208

4 千万别留下遗憾

21．别总拿环境当"替罪羊" / 213

22．现在，轮到你开始行动了 / 223

全球CEO、高管权威推荐 / 227

前　言

一个星期六的清晨，我的同事菲尔进地下室时被绊了一跤，头重重地撞到了地上。倒在地上时，菲尔感受到来自胳膊和肩膀的阵阵刺痛，他担心自己可能会因此瘫痪。他试图起身，但身体仍然摇摇晃晃地不受控制，于是他只好靠着墙坐下，检查一下自己的伤情。四肢传来的痛感意味着他还有知觉（这是件好事），他的头和脖子上的肌肉都在抽动，鲜血从撕裂的头皮中汩汩流出，一直淌到背上。菲尔知道，他必须去急诊室清理伤口，检查有没有骨折和内出血，但他同时也意识到，受伤的自己没办法独自驾车去诊所。

那天，菲尔的妻子和成年的儿子们都不在家。在僻静的郊区住宅里，只有他一个人，于是他拿出手机来打电话求救。手指滑过屏幕上的一个个联系人，菲尔突然意识到自己在附近竟然找不到一个能打电话求助的朋友，他也从来没有花太多精力去结识邻居，而且因为没有大量出血或者心脏病发作，他也不好意思拨打911。思来想去，菲尔最后拨通了住在附近的一对中年夫妇的电话。接电话的是一位名叫凯特的女士，菲尔与凯特在街上相识，但自那以后很少交谈。他向凯特说明了自己的情况，对方马上赶了过来，从一个没上锁的后门进入菲尔家，在地下室找到了菲尔。凯特把菲尔扶上车，载他去了当地医院。在医生对菲尔进行检查的五个小时里，凯特一直陪着他。菲尔摔出了脑震荡，医生说，头痛会持续几个星期，但好在没有严重损伤，过一段时间就能恢复健康。凯特又开车把他送回了家。

那天晚上，菲尔独自在黑漆漆的家里休息，感慨自己今天经历了怎样的危险。他回忆起头撞到地上的一瞬间，那清脆尖厉的声音，就像一只铁锤挥向大理石板，想要把它砸得粉碎；他记起四肢电击般的刺痛感，担心自己以后永远不能再走路的剧烈恐慌。他认为自己太幸运了。

这次意外，菲尔不只是感激自己没有受什么大伤，他还想到了极其慷慨善良的邻居。凯特放弃了自己一天的时间，向他提供了无私的帮助。这么多年来，菲尔第一次开始思考自己的生活方式。他告诉自己：我需要结交更多的朋友。不是因为他将来或许还会需要另一个凯特，而是因为他也想成为像凯特一样的人。

并不是所有人都需要危及生命的当头一棒才会去改变自身的行为习惯。只是要改变根深蒂固的习惯，似乎总得发生这么大的戏剧事件。

我们生活的环境让我们做出本不想做的行为

这是一本关于成年人如何改变行为习惯的书。

为什么我们拙于此事？应该如何做好它？应该选择哪些行为进行改变？怎样让他人看到我们的改变？我们必须直面哪些无休无止、无处不在的挑战？怎样才能强化我们解决这些问题的能力，成为可怕的自律人？

为了回答这些问题。我先要重点讲一讲我们环境中的诱因。它们的影响力相当深远。

一个诱因就是一次刺激，这个刺激能改变我们的想法和行为。在清醒的每一个小时里，我们都在持续接受人物、事件和环境的刺激，它们都有能力改变我们。这些诱因看起来突如其来，让我们毫无防备。它们可能是像菲尔遭遇脑震荡那样的大事，也可能是类似一幅剪纸这样的小东西；它们可能令人愉悦，比如老师的一次表扬会改善学生的纪律，激发学生的野心，从而让人180度大转折；它们也可能充满破坏力，比如一支蛋卷冰淇淋会让我们放弃减肥计划，来自同侪的压力会让我们犯浑，做一些明知是错误的事情；它们可能会激发我们竞争的本能，让我们去争取一份薪水更高的职位，或是避免竞争对手把我们甩在身后；它们可能是爱人病重或是公司面临破产的消息，让我们筋疲力尽。诱因就像雨滴声唤醒甜蜜的回忆一样自然而然。

诱因的数量几乎是无限的。它们从哪里来？为什么它们使我们的行为与理想背道而驰？为什么我们没有留意到它们？我们怎样才能精准地发现那些激怒我们、让我们偏离正轨，或是让我们感觉世界无比美好的瞬间？怎样才能让诱因为我们服务呢？

环境是我们生活中最强大的诱发机制，而且并不总是有利于我们。我们制订计划、设定目标，为了实现这些目标还押上了我们的幸福。但是我们生活的环境总是横插一脚。厨房里飘来培根的香味，让我们胃口大开，却忘记了医生让我们降低胆固醇的建议；同事每天晚上都加班到很晚，令我们感觉自己有责任配合他们的付出，却错过了孩子的一场棒球赛，然后又错过了下一场、再下一场；手机铃声响起，我们的眼神不由自主转向亮起的屏幕，不再和我们深爱的人对视。

就这样，我们生活的环境诱发我们做出本不想做的行为。

因为环境因素往往不在我们的控制范围之内，我们也许认为自己对此无能为力。我们像是环境的牺牲品，命运的傀儡。我不接受。命运是我们手里的一副牌，怎样玩好这副牌，是我们的选择。

菲尔头上受到了一记重击，他没有向环境低头。他的**命运**是跌倒，撞到头，康复。他的**选择**是成为一个更好的邻居。

拥抱悔恨，开始改变

有一种我们都很熟悉的情绪弥漫在这几页文字中。它不明显但这并不意味着它不真实。这种情绪就是悔恨。每一次我们问自己为什么没有成为那个我们想成为的人时，每一次，都隐含悔恨。

我为写作此书做研究时,一项重要内容是问人们这个简单的问题:"行为习惯方面,你最剧烈的一次改变是什么?"人们的回答可谓五花八门、包罗万象,但是最深刻的答案(活跃一下气氛,权且这么说),是有些人想起了一些应该改变却没有改变的行为习惯。当他们反思自己为什么没有成为理想的样子时,常会被心中的悔恨所吞噬。

我们不像简·奥斯汀笔下傲慢的凯瑟琳·德布夫人,她吹嘘自己天生的音乐品位,大言不惭地说:"我要是学了音乐,一定会成为一个名家。"

与德布夫人不同,我们回忆起生活中被浪费的机会、优柔寡断的抉择、没有付诸行动的努力、从未得到培养的天赋时,总是会被悔恨刺痛。然而当我们悔恨的时候,往往为时已晚。

我采访蒂姆的时候,空气中显然也弥漫着一股悔恨的气息。蒂姆曾是一家电视台运动频道的出品人。因为和上司关系不融洽,蒂姆在电视台的职业生涯四十多岁就提前结束了。五十多岁的时候,蒂姆靠顾问工作谋生。他依然拥有同类公司所需的专业知识,但他再也找不到之前那种稳定的高管工作了。他有一个坏名声:不会与他人相处。

对于这种名声的成因,蒂姆已经琢磨好几年时间了,直到他女儿开始她的第一份电视台工作,请他提建议的时候,蒂姆才终于找到了问题的症结所在。

蒂姆说:"我告诉她,耐心是最大的美德。你所在的行业,每个人都在盯着时间。一档节目必须在指定时间开始,在规定时间结束。摄像机前的所有事物都会在0.01秒里显示在控制台的屏幕上。而且节目一档接着一档,永远不会结束。时钟嘀嗒作响,给所有人造成了一种不可思议的紧迫感。作为负责人,你的耐心也将经受巨大的考验。你想把所有事情都按时办妥,最好还要超前完成,你会变得非常苛刻,当你得不到自己想要的结果时,你会感到沮丧、愤怒,开始像对待敌人一样对待他人。"

对蒂姆来说,这就是一个诱发时刻(Triggering Moment)。直到说这些话的时候,他才突然明白电视台的环境对自己产生了怎样的影响,这份工作让他在工作中缺乏耐心,接着这种坏习惯又渗透到了他生活的方方面面。

他解释说:"我认识到,我这种人给朋友发电子邮件,如果一小时之内收不到回信就会大发脾气,接着开始骚扰这个朋友因为他忽视我。基本上,我是在用对待助理的方式对待朋友。我用这种方式对待世界,根本无法生活。"

蒂姆经历了一场亲密的父女交流,继而被触动,受到启发,产生强烈的悔恨感。他总结说:"如果我能回到过去改变我的人生,我想变得更有耐心。"

我们评估当前境遇,反思我们何以至此的时候,就会产生悔恨感。我们回顾自己实际上做了什么,我们本应该做什么,然后,发现我们的不足。

悔恨能造成伤害。作为一种如此尖锐而伤人的情绪,悔恨并没有得到多少重视。我们把它看作一个良性因素,要么否认,要么把它合理化。我们对自己说:"我曾经做过愚蠢的选择,但正是它们造就了今天的我。惋惜过去只不过是浪费时间，我已经吸取了教训，让我们继续前进吧！"

这是一种看待悔恨的方式，一种自我保护的方式，不让自己知道错过了什么，也就不必因此痛苦。我们安安心心：所有人都有过悔恨，我们并不是特例，时间会愈合所有伤口（比痛苦更糟糕的事情是不知道痛苦是否会结束以及何时结束）。

我想建议一种不同的处事态度，叫作拥抱悔恨，但不必抱太紧，不必抱太久。伴随悔恨而来的痛苦是一门必修课，这种痛苦不是什么嘘一声就可以赶走的宠物。当我们做出糟糕的选择，失败了或者伤害了心爱的人时，我们**应当**感到痛苦。这种痛苦可以激励我们，更理想的情况下，这种痛苦可以激发我们行动起来：也许我们搞砸了，但我们可以做的更好。痛苦属于那类最强有力的情绪，能引领我们去改变自己。

如果我写得还行，你也在认真阅读，接下来会发生两件事：第一，你将会更接近自己想成为的那个人，成为可怕的自律人；第二，你的悔恨感将越来越少。

我们可以开始了吗？

1

Why Don't We Become the Person We Want to Be

**我们为什么
没能成为我们想成为的人**

01

2条改变行为的永恒真理

作为一名高管教练，在过去的三十五年里，我始终致力于帮助领导者实现积极而持久的改变。绝大部分客户都很珍惜改变的机会，他们意识到，行为习惯的改变将会帮助自己成为更加高效的领导者、合伙人，甚至是家庭成员，但也有少数人对此不以为然，在计划之初表现出了些许的抵触情绪。

我帮助客户的过程直截了当，始终如一。首先，我会采访客户的核心利益相关者，聆听他们的意见。这些利益相关者可能是同事、下属或者董事会成员。在积累了大量高度机密的反馈后，我会和客户一起查看我对反馈的梳理总结。最终要改变哪些行为习惯，由客户自己选择。接下来我的工作就很简单了：**客户选择**的核心利益相关者给他提建议，**客户选择**要听哪些建议，我只需要帮助他们实现积极、持久的改变就够了。如果我的客户成功实现了这些积极改变,并得到了核心利益相关者的认可,我获得报酬;如果没有得到核心利益相关者的认可,我分文不收。

我们的成功率不断提高,因为在客户自我改变的每一步,我始终伴随着他们,告诉他们怎样坚持好习惯,不要倒退回去,又成了原来的自己。即使最终我们会成为可怕的自律人,但这里也有两条真理我们须铭记在心:

真理1:有意义的改变是很难做到的

开始改变行为习惯很难,坚持改变更难,最难的是把改变巩固为好习惯。我唠叨这么多,就是想说,对于一个有血有肉的成年人来说,改变行为习惯,是这个世界上最难的事情。

如果你觉得我过度高估了这件事的难度,请回答以下几个问题:

◎ **你想在生活中做出哪些改变?** 它可以是一些大事,比如减肥(这是大事)、跳槽(也是大事),或者改行(更大的事)。它也可以是一些小事,比如换一个发型,或者多去看望你的母亲,或者给卧室的墙壁换换颜色。
◎ **你有这种想法多久了?** 是不是到现在已经有几个月或者几年时间?是不是每天早上起床都对自己说"今天我要做出改变"?
◎ **结果怎么样?** 说白了,你能否指出在某个特定时刻,你决定改变生活中的某件事，并在冲动之下采取行动，最终取得了满意的成果？

这三个问题，对应了我们想对自己的人生做改变时，面临的三个难题。

我们不肯承认自己需要改变。这不仅是因为没有意识到要做出改变，更可能是我们意识到了却还总给自己找借口，否认自己需要改变。在后文中，我将会具体分析，有一些根深蒂固的念头使得我们抗拒改变。

我们没有察觉惯性控制了我们。即使有改变的机会，我们也更倾向于什么都不做，所以我才会怀疑"你有这种想法多久了"这个问题，很多人的答案是几年，而不是几天。惯性，让我们根本无法启动改变，它极力鼓励我们在舒适区（因为我们在那里感受不到痛苦，反而感到很熟悉，或者自在快乐）内行动，不去做某些长远看来非常有益，却不容易做到的事。这本书无法为你提供你需要付出的努力，这得靠你自己。但是通过一个强调规划和自我监督的简单过程，我能帮助你迅速启动改变，并持续进行积极的改变。

我们不知道怎样去改变。动机、认知和能力之间是有区别的。例如，我们或许会有减肥的动机，但缺乏对营养学的认知和必要的烹饪能力，因此无法设计有效的减肥计划，并把它坚持到底。或者反过来，我们有认知和能力，但是缺乏动机，这同样无法完成减肥任务。本书的一个核心观点就是：我们的行为，不管是积极的，还是消极的，都是由我们所在的环境塑造的。敏锐辨识我们所处的环境，可以迅猛提升我们在行为改变过程中的动机能力和认知，并迅猛提升我们的信心：我们能改变自己。

我能清晰想起成年以后第一次坚定地改变行为习惯的往事。那年我二十六岁，和第一个也是唯一的妻子丽达结了婚，在加州大学洛杉矶分校攻读组织行为学博士学位。高中起我就有脂溢性脱发，但是当时我不愿意承认。每天早上对着浴室的镜子，我都会花几分钟时间认真梳理头顶上那几根稀疏的棕色头发。我把后脑勺的头发梳到前边，在额头上弯个圈，看起来像是一顶桂冠，然后顶着这可笑的发型踏出家门，自以为看起来和常人无异。

理发的时候，我会详细指导理发师怎样修剪我的头发。一天早上，我坐在椅子上打盹儿，结果理发师把头发剪得太短了，周围留下的头发不够打理我的"桂冠"了。我本可以感到惊慌失措，想戴几个星期帽子等它们长回来。但等我站起来，在镜子前盯着自己的样子，我对自己说："面对它吧，你是个秃子，是时候接受它了。"

就在那一刻，我决定把头顶仅剩的几根头发也剃掉。这个决定并不复杂，完成它也不需要费多大功夫，理发师几下就帮我搞定。但那依然是我成年以后做出最释放自我的改变。它令我平和地对待自己的外貌，我因此而感到快乐。

我不确定是什么诱发我接受了自己的新形象。或许我害怕永远都要这样生活，或许我意识到了自己不过是在自欺欺人。

原因是什么并不重要。真正重要的在于，我确实决定去改变，并成功将它付诸行动。这并不容易做到。我曾因为头发稀少而焦虑、烦躁数年之久。我那时的行为大概介于虚荣和愚蠢之间吧。但我还是把那种愚蠢的行为坚持了很多年,因为我不肯承认自己谢顶。此外,我发现沿用自己熟悉的方式比改变要容易得多。这件事中,我拥有的一个优势在于我知道怎样去改变。它不像减肥、学一门新外语、做更好的倾听者等事情,需要几个月不断衡量、跟进,坚持自律,也不需要其他人的配合。我只需要让理发师好好理发,不再对他指手画脚就行了。如果我们所有的改变都这么简单,该多好啊。

真理2:没有人能让我们改变,
　　　除非我们自己真心想要改变

这条真理不言而喻。改变总是发自内心的,谁也无法指挥、要求或者强迫他人改变。一个并非全心全意想要改变的人,永远都不会改变。

我做"改变"业务十二年以后,才真正理解这个简单的道理。那时我已经指导了一百多名高管,绝大多数案例都是成功的,但也有极少数失败案例。

我在复盘极少数失败案例时一条结论跳出来:有些人说他们想要改变,但他们并非真的想改变。有些客户信誓旦旦地说他们想要改变时,我相信了他们,却没有深入挖掘他们说的是不是真话。

发现这个问题后不久,我应邀与哈里合作,他是一家大型咨询公司的首席运营官。哈里是个一流人才,聪明、积极、勤奋,但也有点傲慢,并过于自满。他不太尊重自己的下属,使得下属都想跳槽去竞争对手的公司。这种现象令公司CEO大为恼火,因此他请我来指导哈里。

哈里一开始说得很好,他向我保证,他非常希望立即开始,变得更好。我采访了他的同事和下属,甚至还有他的妻子和十几岁的孩子。他们告诉我的情况都一样,尽管哈里的专业水平很高,但是他总有一种难以遏制的欲望,总想成为房间里最聪明的人,总想证明自己是正确的,总想赢得每一场争论,这令大家感到难以忍受。因为人们都不喜欢被打击甚至是当头棒喝,他们因为哈里的这种性格放弃了不少机会。

哈里和我一起总结有关他的反馈时,他声称会珍视同事和家人的这些建议。但是,每当我提出一个需要改进的地方时,哈里就会一句接一句解释,他的行为实际上是正当的。他提醒我他是心理学专业毕业的,接着开始分析周围每一个人的问题,结论是需要改变的是周围每一个人。有一次他张狂地自我吹嘘时,他请我给出建议,他怎样才能帮助其他人成长。

我年轻的时候,会忽视哈里的抵触。我会和他一样带着傲慢的较劲心理,坚信自己能够帮助他变得更好。幸好,我想起了早年得到的教训:有些人说他们想要改变,但他们并非真的想改变。我渐渐明白,哈里只不过是把我们的合作当成了另一次来展示他的机会,并扭转周围所有糊涂虫对他的误解,包括他的妻子和孩子们。到我们第四次会面的时候,我放弃了他。我告诉哈里,我的指导对他不会有多少帮助,然后我们彼此告别。后来听说那家公司炒了哈里的鱿鱼。我既没有高兴，也没有吃惊。毫无疑问，那名CEO最终认定这个拒绝帮助的人已经透支了他全部的专业能力和个人价值。

我常常回想起哈里的故事，从这个鲜明的例子中可以看出，哪怕改变我们的行为习惯能带来巨大的回报而且没有任何风险，而固守现状会让我们付出职场和人际关系上的双重代价，我们也依然会拒绝改变。

甚至在生死攸关的事情上，我们也很难改变。想想戒除一个坏习惯有多难吧。比如戒烟，尽管要面临癌症的威胁，尽管会受到社会的处处指责，依然有67%说想戒烟的烟民从来都没有尝试过；那些尝试戒烟的人里面，90%的人都失败了；那些最终取得成功的人，可以说是最积极、最坚守原则的人了，他们在戒烟成功之前平均失败了六次。

相比之下，戒烟只能算是简单的挑战。说到底，它只是一种个人行为，它只涉及你和你的习惯，只不过是一个人独自和恶魔做斗争罢了。你可以点烟，也可以不点。这取决于你，而且只取决于你，其他任何人在这件事上都没有发言权。

再想象一下涉及别人的事情改变起来有多难。别人的行动无法预测，你也无法控制，但他们的行为会影响你的成败。用打网球来比喻这两者之间的区别，一个好像是在热身，飞过来的球都是软绵绵的；另一个却像是在正式比赛，对手的每一次击球都无比凌厉。

这就是成年人改变行为习惯如此困难的原因。如果你想在家成为更好的伴侣、在工作中成为更好的经理，你不但要改变自己的行为方式，还必须得到爱人或同事的某种认同，必须让你周围的每一个人都认识到你在改变。依靠他人会让改变的难度成指数级增长。

在继续阅读之前，请认真理解这一句话：本书的主题并不是教你如何戒除抽烟或者半夜吃冰淇淋这样的坏习惯。尼古丁和冰淇淋并不是我们的目标所指。本书的主题，是教你如何在你尊重和你爱的人身边，改变自己的行为习惯。这些人才是你的目标受众。

是什么让积极、持久的行为习惯改变如此困难，导致我们大多数人都提前放弃这场游戏呢？答案是因为**我们必须在这个不完美的世界里行动，这里充满了让我们偏离正轨的诱因。**

好消息是，改变不见得都很复杂。当你搞懂本书中的方法之后，你就会发现我的建议十分简单，但不要因此就轻视它。**实现有意义且持久的改变或许很简单，起码比我们想象中简单。**

但是**简单**并不等于**容易**。

02

阻止你改变的15个思维误区

从2001年到2013年，迈克尔·布隆伯格一直担任纽约市市长一职，他是一名不知疲倦的"社会工程师"，始终致力于把人们变得更好（至少他是这么想的）。不论是在公共场所禁烟，还是规定所有市政车辆全部改用混合动力，他的目标始终是把纽约市变得更好。

2012年，在他第三个任期，也是最后一个任期即将结束之际，他决定向日益蔓延的儿童肥胖症宣战。为此，他下令禁止销售容量大于16盎司的含糖软饮料。布隆伯格的行为值得商榷，但我们应该都同意，减少儿童肥胖症是一件好事。布隆伯格试图从一个小小的方面入手，改变人们消费太多含糖饮料的环境。他的逻辑简直无懈可击：如果商家不提供32盎司包装的饮料，消费者——比如电影院观众——多花几个钱也买不到超过16盎司的大杯，那么他们就只能买小包装的饮料，从而摄入更少的糖。他没有禁止人们喝含糖饮料（人们仍然可以买两杯16盎司的饮料），他只是设置了一个小障碍，以此来改变人们——就好像你关上了办公室的门，如果有人要见你，必须先敲门。

就个人而言，这件事和我没有半点儿关系。我不是来这里当判官的。我的任务是帮助人们成为自己想成为的人，而不是告诉他们应该成为什么样的人。我把布隆伯格的计划作为案例，只是想说人们在改变时会面临重重阻碍。

社会各界掀起了一股批判"保姆型政府"的风潮：这个名叫布隆伯格的家伙从哪儿冒出来的，居然想要管我怎样生活？地方上的政客也表示反对，因为布隆伯格事先没有咨询他们的意见，他们痛恨这个市长的专横作风；美国全国有色人种协进会（NAACP）反对，是因为他们认为市长在限售软饮料的同时，还减少了拨给学校的预算，这不过是种伪善；而那些"夫妻店"老板反对，因为该禁令允许7-11之类的便利店继续出售大包装饮料，这可能会导致他们的小店倒闭。

最后，在一连串的诉讼之后，纽约法庭认为这项禁令"武断而任性"，将其否决。我对此事的看法是：哪怕改变某种行为能给个人和社会带来毋庸置疑的好处，我们却依然擅长编造各种理由，竭力逃避改变。我们想办法攻击那些想要帮助我们的人，反驳他们的想法比努力解决问题更容易、更有趣。

轮到我们改变自己时，我们会把人类善于逃避的天赋发挥得更加淋漓尽致，甚至会养成一种自欺欺人的思维方式。这种思维比借口更有害。借口是在辜负他人的时候顺手丢给对方的解释，一般都是在紧急情况时就地取材编造的。例如，我们不锻炼，是因为"这不好玩"或者"太忙了"；我们迟到了，是因为"堵车"或者"孩子们有急事"；我们伤害别人，是因为"没有选择余地"。这些借口基本上都和小学生说"我的作业被狗吃了"没多大差别，一听就知道是胡编，即使当事人没说谎，别人也很难相信。

但是，当我们欺骗自己的时候，心里暗藏的想法又是什么呢？单单一个"借口"已经不足以描述这些内心想法，它们代表了我们对这个世界的理解。**借口是在事后解释为什么没有达到预期目标的，而我们那些内心想法，往往产生于失败之前。**我们拿这些想法当信条，为自己的不作为辩解，放弃本可以得达到的目标。

我把这些想法称为思维误区，以下是15种常见的思维误区。

误区1：如果我知道，我就能做到

我在本书中提到的每一件事都是有用的。它们不是"有点儿用"或者"某种程度上有用"，它确实有作用。我是基于几十年指导高管的经验和涉及数千人的大量研究后才提出这些建议的。我的建议并不复杂，很简单，看了之后，你将会懂得如何跨越理想和现实之间的鸿沟。不过，这并不意味着你能做到。

有时候，读者会告诉我："你这都是老生常谈。我看不出其中有什么以前不知道的新东西。"这是针对大部分励志类书籍的常见点评，你现在或许也会这样想。对此，我的一贯看法是：你说得很对，但是我敢打赌，你在本书中会读到大量你没有做过的事。如果你曾有过这样的经历：在一场研讨会或者同事聚会上，大家一致同意下一步应该怎么做，一年以后一切都还是老样子，你就会明白"知道"和"做到"完全是两码事。仅仅是知道怎么做，并不能保证你真的会去做。

此外，还有14种常见的思维误区。你或许对它们都很熟悉，或许认为它们和自己毫无关系，但这种想法也同样是值得怀疑的。

误区2：我意志坚强，不会向诱惑投降

我们崇拜意志力和自控力，看不起缺少它们的人。那些通过非凡意志力取得成功的人，是"强大且英勇的"，而那些需要帮助或者需要做规划的人，却是"软弱"的。这种想法太疯狂了！因为很少有人能精确评估或者预测自己的意志力。我们不但高估了意志力，还习惯性地低估环境的影响力，我们所处的环境像是一台威力巨大的机器，会削弱我们的意志力。

在荷马史诗《奥德赛》中，英雄奥德修斯在结束了特洛伊战争返程的路上，遇到了很多危险和考验。有一次，他的船必须经过海妖塞壬所在的海域，塞壬会用美妙的歌声引诱水手，让他们倾听失魂，令船触礁沉没。奥德修斯想听听塞壬的歌声又不想送命，于是用蜡堵上随从的耳朵，并把自己绑在桅杆上，这样即使他听到塞壬的歌声，也不会做出疯狂的举动。他知道，光靠意志力是不足以战

胜塞壬的诱惑的。

不像奥德修斯，我们中很少有人能预见到自己将要面对的挑战，我们在设定目标时假定自己拥有意志力，实现目标时却发挥不出来。要记得，途中总会有意外会出现，摧毁我们的目标。

误区3：今天是个特殊的日子

当我们想给自己找借口时，就会发现每一天有可能是"特殊的日子"。我们让步于冲动和一时高兴，因为今天有超级碗比赛，或者是生日，或者是结婚纪念日，或者是休息日，或者是世界饼干日（或许你还不知道，这一天是12月4日），明天就会回归正常，到时候就会成为可怕的自律人。

如果真的想要改变，就必须接受这种现实：**不能一有特殊日子，就给自己放假。总被外部事件打扰，对改变来说是致命打击。**成功不会一夜间实现。这是一场持久战，而不是闪电战，不要总想着在某个特殊日子能短暂的休息。

误区4："至少我比×××强"

在遭遇失败的低谷时刻，我们会对自己说："至少我比×××强。"我们放低对自己的要求，奖励自己轻松过关，因为我们还不是全世界最糟糕的。总找这个借口，就会降低了你的积极性和自律性，丧失改变的动力。毕竟，还有人比我们更需要改变。这样，我们就会产生一种错觉，认为自己不需要改变。

误区5：我不需要帮助和规划

　　危害最大的思维误区之一，就是看不起简单的规划。我们过于自信，认为不需要规划就能完成看似简单的任务。例如，就像阿图·葛文德博士在《清单革命》一书中所讲的一样，医生们采用一个简单的五步清单之后，虽然只是执行类似洗手、清洁患者皮肤、插入导管之后使用消毒纱布等机械动作，却几乎彻底消除了重症监护室里的中心导管感染的情况。尽管多年以来的事实证明使用这种清单成功率极高，但医生们依然抵制它。经过几年的医学培训之后，很多医生认为这种唠叨式的提醒是在侮辱自己，如果护士在一旁提醒，这种感觉尤为强烈。

　　这种情况反应出了三种强烈的本能：第一，我们轻视简单的事情，只有复杂的事情才值得我们费神关注；第二，我们轻视指导，不愿意遵循指导；第三，我们坚信自己可以完全靠自身力量取得成功，尽管这种信心没有什么根据。

　　这三者结合起来，就会让我们觉得自己是例外、自己比需要规划和指导的人更聪明。这使我们丧失了谦逊。

误区6：我不会累，我的激情也不会消退

早上做计划的时候，我们可能神清气爽、充满精力，于是打算工作一整天。但是几个小时以后，就会开始疲劳，更容易低头服输。在计划如何实现目标时，我们相信自己的精力不会衰退，相信自己永远都不会失去激情。但很少意识到，**自控力是一种有限的资源**。当疲劳以后，我们的自控力就会开始动摇，甚至完全消失。**需要百分百绝对努力才能完成的计划，往往很容易失败。**

误区7：我有世界上所有的时间

我们脑中同时有两种互为矛盾的想法：第一，我们习惯性低估做好一件事所需的时间；第二，我们总相信时间是没有尽头的，足以让我们最终完成所有与自我提升有关的目标。我曾向自己承诺，今年要读完《战争与和平》，结果我已经这样承诺了43年，这种相信时间可以无限宽容的想法，造成了拖延。我们明天可以有一个更好的开始，今天一点都不着急去做。

误区8：我不会分心，也不会有任何计划外的事情发生

为将来做计划时，我们很少考虑分心的因素。计划中，自己

会一直活在完美世界里，一个人专心致志地完成一个又一个目标。尽管这种一个人不受打扰的状态从来没有发生过，但我们还是这样做计划，好像将来肯定会有这种天堂般的世界存在。我们在开始工作的时候没有考虑过：**生活总是会闯进来改变我们安排好的优先顺序，考验我们的专注度。**

攻读数理经济学学士学位时，我知道了小概率事件高概率发生的现象（high probability of low probability events）。我们没有为小概率事件做计划，因为从定义上来说，它们当中的任何一个都几乎不会发生。谁会计划爆胎、意外事故呢？不过，这些事件中至少有一个发生的概率是很高的。我们都是这种现象的受害者，我们遭遇的交通堵塞、爆胎和意外事故，比想象中多得多。

讽刺的是，正当星期天下午敲这些文字的时候，我收到了一封客户邮件，她说："我在工作中遇到了紧急情况，需要你深思熟虑的建议。我们现在能找时间谈谈吗？"尽管她在星期天下午联系我紧急会谈的概率接近于零，她之前从未这样做过，但是星期天下午会出现某些令我分心的事，这概率是相当高的。

我在进行指导工作时，一般会和担任高管的客户合作18个月。我提醒每一个客户，这个过程会比他们想象中更长，因为总会有波折出现。我说不出具体是什么波折，但是它一定会是合理而且真实的。例如，一次并购、一次失败、一种主要产品召回，都有可能大幅增加改变所需的时间。他们无法预测会发生什么，但是他们必须有所预期——意外将会使他们分心，使他们放慢脚步。

误区9：一次顿悟将会瞬间改变我的生活

顿悟，表示你的改变来自洞察力和意志力的突然爆发，它当然有可能发生。一个陷入低谷的酒鬼、一个破产的赌徒、一个受到解雇威胁的高管，有时候会在一刹那间看到曙光。但更经常发生的情况是，顿悟只是一厢情愿。我怀疑所有"立竿见影的经验"。**它们或许能在短时间内让你改变，但是不会给你带来任何有意义或持久的改变**——因为这个过程的建立基础是冲动而不是策略，是希望和祈祷，而不是规划。

误区10：我的改变将是永久性的，我再也不用担心了

西方人有一种严重的社会病，认为"如果……我就会幸福"。这是因为我们把幸福看作是一种静态的最终目标，认为我们只要得到了那次晋升、买到了那座房子或者找到了那个爱人，就能够幸福。生活中常常有人给我们灌输这种观念：只要花钱购买某种产品或服务，就会一直幸福，这叫作电视广告。

美国人一生平均会花1.4万个小时看电视，受到一些影响是不可避免的。我们难道不是经常有这样的期待：只要稍稍尝试，我们就能永远改变？这和改变行为习惯是一样的。我们设定了一个目标，误以为实现了这个目标我们就能幸福，就再也不会悔恨。

如果真是这样就好了。我为研究如何改变行为，对全世界8.6万

人进行了调查，发现"改变是一种'接触运动'"，需要不断的努力。如果不去持续跟进，我们的改变就无法延续。这就好像是减肥和保持体形之间的区别，一个是达到控制体重的目标，一个是把它保持下去。哪怕实现了前一个目标，如果不能坚持努力和自律，也难以保持下去。我们需要坚持去健身房才能保持体形——并且保持下去。

童话故事的结尾总是说"从此他们过上了幸福生活"，所以它只能是童话。

误区11：我解决了旧问题，不会带来新问题

就算我们接受了这种看法，同意没有哪种改变能一劳永逸地解决我们的问题，我们还疏忽了一点：把一个旧问题扫地出门的时候，往往还有新问题冒出来。客户曾告诉过我，只要和董事会开两次会，最初当上CEO的快乐就会烟消云散。原来的旧问题是如何成为CEO，之后则变成了如何当好CEO。

彩票中大奖就是一个绝佳的例子。谁没想过一夜暴富，从此无忧无虑地幸福生活呢？但是研究表明，就在中大奖两年以后，这些中奖者就没有最初收到支票时那么幸福了。一夜暴富解决了他们的旧问题，偿清了债务，还完了贷款，有钱给孩子们上学了。但是新问题也立即随之出现，亲戚朋友和慈善机构突然间都现身了，希望得到慷慨的资助。原来的旧问题是和老朋友们一起住在廉价住宅，

之后的新问题换成了住在高档新社区没有朋友。

误区12：我的努力会得到公正的回报

从孩提时起，我们就被灌输这样的理念：人生是公正的，卓绝努力和认真工作必将得到回报。当没有得到相应的回报时，我们就会有一种上当受骗的感觉。希望的破灭诱发了悔恨。

指导客户时我发现：他们想要改变，是因为他们发自内心的相信改变是正确的选择。这将帮助他们成为更好的领导者、团队成员、家庭成员。如果一个人追求改变只是为了得到外界回报（职位或薪水），我不会和他合作，因为他不一定能得到他想要的东西；如果这种回报是他唯一的动机，他迟早还会回到老路上去；我做的所有努力，只不过是在帮助一个冒牌的成功人士。

变成更好的人，这本身就是一种回报。如果我们能认识到这一点，就永远不会有上当受骗的感觉。

误区13：没有人关注我

你是否偶尔觉得可以犯一些小错，因为人们不会太注意到你，你对他们来说几乎是隐形的。糟糕的是，这种想法只对了一半。如果我们缓慢而坚定地进步，别人或许没有注意到我们，但是只要我们稍稍倒退，人们一定会立马注意到。

误区14：如果我改变自己，就不是"真正的我"了

你是否觉得，你的行为体现了自身的特点，如果加以改变，在某种程度上就不再是真正的自己了。你可能会拒绝改变，拒绝去适应新环境，因为"那不是真正的你"。

例如，我经常遇到这样的主管，他们自我评价说："我不擅长表扬人，如果表扬别人，就太不像我了。"然后我就会问他们，他们是否患有什么不可治愈的遗传病，在他人值得表扬的时候，却无法开口。

我们不仅能够改变自己，还能塑造自己。千万别给自己贴标签，否则你永远不可能成为更好的自己。

误区15：我有足够的智慧，可以评估我自己的行为

人们自我评估的准确度总是很差。我曾让8万多名专业人员给自己的表现打分，70%的人认为自己位于前10%，82%的人认为自己在前20%，98.5%的人认为自己属于前50%。如果我们的调查是成功的，这意味着我们更倾向于把成功归功于自己，把失败归咎于环境和他人。我们总相信虽然其他人总是在高估他们自己，但我们对自己的判断还是非常公正和准确的。

我们为什么没能成为我们想成为的人

过度自信、顽固、一厢情愿、悔恨、拖延……这些都是我们改变路上的沉重负担。

这些辩解,有的深奥,有的愚蠢,但依然不能彻底回答根本的问题:我们为什么没能成为我们想成为的人?为什么我们有时计划要成为更好的人,但只过了几天甚至几小时就把这计划抛之脑后?

我们为什么没能做出我们想做出的改变?除了借口、思维误区之外,还有一个更重要的原因:**我们生活的环境。**

03

我们生活的环境
让我们做出本不想做的行为

大多数人在生活中都没有察觉到，**我们的环境如何塑造了我们的行为**。当我们在拥堵的高速公路上出现路怒症时，并不是因为我们是反社会的怪物，而是因为车开不快，我们紧跟在一辆车屁股后面，周围都是粗鲁不耐烦的司机，这改变了我们文明的行为。我们不知不觉地把自己置身于一个缺乏耐心、好斗和敌意的环境里——环境改变了我们。

当对餐馆的饭菜大失所望时，我们可能会厉声侮辱一名态度和蔼的服务员，并对餐厅领班恶语相向——虽然这两个人都不是厨师。这种傲慢无礼并不正常，而是一种失常行为，本以为在这家餐厅彬彬有礼能够得到礼遇，但是现实激怒了我们。在一个好环境里，我们依然会规规矩矩。走出这家餐馆，我们又会回归现代好市民的形象——耐心，礼貌，不摆架子。

甚至当我们留意到了环境，愿意置身其中的时候，也会成为它无情的牺牲品。

三十年前，我有一半时间都花在坐飞机上，当时的机舱是一种读书写作的理想环境。飞机上没有电话、没有屏幕、没有打扰，这种旅行使我更加高效。但是随着航班上提供的娱乐服务越来越多，从一个屏幕、一部电影发展到Wi-Fi覆盖并有50个频道可供观看时，我的效率下降了。修道院般宁静的机舱变成了诱人分心的游乐场。我受到了诱惑，很容易分心。在跨越几个时区的飞行过程中，我不再能完成工作或者补个好觉，而会连续看两三部毫无意义的电影。当走下飞机的时候，我也不再有安全着陆的幸福感和迅速开始下一项任务的激情。相反，我痛恨自己在航班上浪费的时间，感觉自己违反了自律的要求。我还注意到，以前我离开机场的时候都会感到身心放松、精神抖擞，现在却感觉更加劳累乏力。**我花了好几年时间才意识到，机舱环境已经发生了变化，而我也随之发生了变化。可惜并非变得更好。**

如果说我致力于用这本书治愈一种"疾病"，那么这种疾病的病灶就是我们对自身所处环境的彻底误解。我们以为自己与环境和平相处，实际上环境在跟我们开战。**我们以为自己能够控制环境，实际上却是它在控制我们。**我们以为外部环境是对我们有利的，实际上它却在剥削我们、压榨我们。它不在乎能给我们什么，它只在乎能从我们这里攫取什么。

在人生这场大戏中，我提议像对待敌人一样对待环境。把环境当成一个人，它就像赌桌对面的庄家一样真实，且气势逼人。"环境"不像我们周围的空气,虽然我们一直都在呼吸,但是只要把注意力转到其他事情上,就可以忽视空气的存在。环境是永不停歇的诱发机制,它对我们的行为影响太大,不容忽视。把环境当成一个有血有肉的人,不是一个有趣的比喻。这是一种战略,帮助我们认清我们究竟在面对什么样的困难。有些情况下,我建议你给所处的环境起个名字。

当然,环境也不完全与我们为敌。它也能成为天使,把我们塑造成更好的人。比如当我们出席婚礼、同学聚会或者颁奖晚宴时,整个房间里都洋溢着醉人的幸福火花,大家相互拥抱,承诺要保持联系,不久之后再见。当我们回到往常的生活,也就是说,在一个不同的环境中时,这种感觉往往会立即消失。环境变了,我们就被改变了,我们忘记了自己的承诺,我们不再保持联系。这种反差简直再突兀不过了,一种环境提升了我们的情绪,另一种环境却把这种好情绪消灭殆尽,好像它们从来都没出现过。

不过,大部分时间,我们的环境就是恶魔,不知不觉迷惑了我们,不论我们是和同事们一起坐在会议室,还是到朋友家吃晚饭,或是每星期给年迈的父母打电话,新环境总会悄无声息改变我们的行为习惯。

例如,我和妻子丽达都不算愤世嫉俗之辈。虽然我的工作就是指出人们面临的挑战,但在日常生活中,我还是努力不去随意评判人。看到别人的小瑕疵,我也会特别留意"没所谓的"。丽达不需要像我这么辛苦才能做到包容,她总是房间里最亲切的那个人。不过,只要与邻居特里和约翰共进晚餐,我们就会变成两个截然不同的人。他俩是一对搞怪有趣的夫妻，但他们的幽默有点伤人。他们会以刻薄、讽刺甚至是残忍的口吻谈论几乎任何事物，不论是谈论我们共同的朋友还是谈论警察，或是邻居家的宠物，他们都没一句好话，好像他们是在参加《名人大串烧》节目的面试。每次和他们一起吃饭之后，我和丽达都会为自己在饭桌上做出的冷嘲热讽感到惊讶。这不是我们的一贯风格。我们寻找自己这种不正常行为的原因，发现当时唯一的特殊之处，就是我们相处的人和身处的环境。说白了，就是环境。同样，和温柔的人在一起，人们说话会更温柔；和语速快的人交流，人们说话会更快；在特里和约翰营造的刻薄氛围中，我们的观点被彻底改变了。

有时候，改动一个因素就能把一个完美环境变成一场灾难。它没有改变我们。它改变了房间里的所有其他人，以及这些人对待我们的方式。多年以前，我在一家咨询公司的聚会上发言。尽管我之前和这家公司的合作很默契，但这次却出了问题，没有互动，没有欢快的笑声，只有一群非常聪明的人安静地坐在那里。最后我意识到，房间里太热了。令人惊讶的是，仅仅调低房间里的温度，整个会场气氛就焕然一新。就好像某个摇滚明星在更衣室里需要M&M牌红色巧克力豆一样，我如今也必须去凉快一点的环境中才会发表演讲。我已明白，环境中的一点点改变，就会改变一切[1]。

---

[1] 我曾听说，大卫·莱特曼在登台演出之前会把他的深夜脱口秀现场的气温调到凉爽的12.7摄氏度。他在20世纪80年代试验了各种温度，发现他讲的笑话在12.7摄氏度时效果最好，这时候他的声音听起来更加明快清脆，观众也更加聚精会神。

消极环境让我们变得冲动

最有害的环境，是那些迫使我们放弃了基本的是非观的环境。在竞争极端激烈的工作场合，最忠厚的公民也可能作恶。

我记得在一家欧洲公司，与一个名叫卡尔的杰出高管的合作。他有一种专制独裁的管理风格——固执、苛刻、爱惩罚人。他曾公开追求CEO的职位，残酷驱使他的团队。他的口头禅是"用你的业绩说话"。他会开除任何反对他定的业绩目标的人。对那些忠诚效劳的人，他会咆哮着说："不惜一切手段实现目标！"不出意外，他的团队开始找捷径来完成业绩。有人开始在灰色地带做事，后来甚至明目张胆地违背职业道德。在卡尔营造的环境中，员工并不认为这种做法是错的。他们认为达成目标唯有此路。

这种做法最终酿成一桩丑闻，公司因此损失了数千万欧元，还落得名誉扫地。卡尔辩解说："我从未要求我的人做任何不道德或者非法的事。"他不用开始要求，他营造的环境已经替他表明了立场。

即使我们平时总是对某些人表示友善，在与他们进行一对一交流时，我们所处的环境也会改变我们。有时候，我们像对待陌生人一样对待好朋友，好像以后再也不用面对他们。

几年前，我曾和一个名叫杰姬的女人讨论因工作引发的情绪疲劳。杰姬似乎想要放下一些沉重的心理负担，所以我就静静聆听。她是一家销售公司的常驻律师，主要处理劳动关系问题。她的一项职责是与离职的销售高管谈判离职协议，不论他们是否自愿离职。

她说："我不喜欢这一块工作，我在他们职业生涯最脆弱的时候和他们谈判。这时候，他们大多数人前景不明。而我代表公司利益，不是他们的利益。"

杰姬特别想聊一聊一名被迫离职的高管。他们曾是大学同学，到同一家公司工作后又恢复了联系。他们定期交流，偶尔也会有私人交往。解决他的离职条件是杰姬的工作。离职补偿金是有合同规定的，数额也慷慨。需要谈判的是，这个人销售账户下的持续入账金额，有多少应该归他，有多少应该归公司。

出于一些她难以清楚表述的原因，杰姬对他采取了强硬立场。在几个星期的电子邮件和电话交流中，她用尽了所有谈判手段，确保公司从这个人的销售账户中得到了最大份额。

一开始，我不明白她为什么要给我说这些。我对她说："你是在履行自己的职责，专业一点儿没错。"但是很显然，她对自己这种行为感到苦恼。

杰姬说："我也是这样对自己说的。但那个人是我的朋友。他理应得到一些补偿。结果，我为了2万美元和他争来争去，这些钱对公司来说简直就是一分两分钱，但是对一个失业的朋友来说却是很大一笔钱。我究竟想表现给谁看呢？公司根本不在乎。这是我职业生涯中最沉痛的悔恨。"

现在想来，我当时应该安慰安慰她。但这件事发生在十年以前，那时候我还不太懂环境无与伦比的力量。

当然，我现在已经明白了。作为一个律师，杰姬受到的培训就是与人对抗，她习惯了在细节上争辩和谈判。在一家销售公司的环境里，每一个人都在盘算谁的业绩上升了，谁的业绩下降了，谁榨尽了一笔生意的每一分钱。杰姬也希望让自己显得尽职尽责，这样才能展现出她对公司的价值。不幸的是，这种赶尽杀绝的环境强化了杰姬的攻击性行为，模糊了她的是非观。她急切地想成为谈判专家，专业得没有多少人的温度了。

　　有些环境，经过准确设计，专门用来误导我们。这就是为什么我们在高端购物中心会过度消费。你可以把这归咎于一种专门规划过的零售体验：从灯光到颜色搭配，再到过道的宽度，都是为了最大化我们的欲望，把钱从我们的钱包里掏出来。真正奇怪的是，这种购物环境并不像黑巷子里的劫匪突然跳出来抢钱。我们根据过去的经验，自愿选择把自己置身于这样一个环境，它会让我们买一些既不需要也不想要的东西。如果我们没有购物清单就去逛街，这种情况就更加明显，我们会受控于随机的、缺乏自律的消费冲动，并产生一种模糊的感觉，认为自己不能空手离开购物中心。过度消费的过程中，我们陷入了一个自己给自己安排的陷阱。在线购物软件的环境更不安全，那里的商家非常聪明，时刻牢记一个目标：设计每一个细节，刺激顾客停留下来消费。

为什么你患上了睡眠拖延症

　　有些环境不像购物中心一样刻意经营、掠夺成性，但它们也不是为我们工作的。想想一年到头想睡个好觉的目标吧。睡眠不足是一个全国性问题，三分之一的美国成年人受此困扰。

睡个好觉，应该很容易达成。

我们有睡个好觉的**动机**，谁不想一觉醒来精力十足、神清气爽，而不是昏昏沉沉、懒散懈怠呢？

我们**知道**自己需要睡多久。这是个简单数学题。如果我们第二天要早起上班或上课，需要六到八小时睡眠，我们就应该倒推计算，在晚上11点左右睡觉。

而且我们有控制权：睡觉是一种自我管控的活动，发生在一个完全由我们自己管控的环境中——我们自己的家，我们决定什么时候上床睡觉，自行选择环境，从房间到床，再到床单和枕头。

那么，我们为什么不做对自己有好处的事情呢？为什么我们不去获得足够的睡眠让第二天精神焕发，却非要熬夜，第二天一身疲惫地醒来呢？

我认为，这是因为我们从根本上误解了环境对我们行为的影响。荷兰乌得勒支大学的研究人员把这一种现象称为"睡眠拖延症"。我们推迟正常的就寝时间，因为我们想停留在当下环境里，继续刷视频、玩手机或者打扫厨房，而不是进入相对平静而舒服的被窝。我们在两个相互竞争的环境中，选择了其中一个。

但是，由于我们没有认识到环境在如何影响我们的选择，我们没有做出正确选择，也就是说，按时睡觉。我们继续按自己的习惯做事，成为惯性的牺牲品，却没有意识到我们不只是在劳累的时候才需要睡眠，我们还必须养成更好的习惯，努力睡好觉。如果知道环境能够破坏我们的睡眠习惯，我们就会改变自己的行为。我们会停下手头的事，关掉手机、iPad和笔记本电脑，把电视机清理出卧室，按照计划上床睡觉。

我们怎样才能通过自律而不是好运气把坏习惯改成好习惯呢？这就是本书后续内容的主题，也是本书的目标。

但是，我还得先说一条坏消息。我们的环境并不是静止不变的，我们这一整天，环境变了又变。它是一个移动靶，很容易瞄不准。

我们可能觉得环境是一个无边无际的概念，我们的家庭、工作、学校、朋友、同事，我们居住的社区、我们工作的场所都是环境，塑造了我们。环境好像一个没有边界的国家，我们生活在其中，但环境对我们的想法或行动没有任何影响。

如果真是这样就好了。

我研究的环境其实更小、更具体。它是依据场合的不同而变化的，是一个超级活跃的变形体。每一次我们进入一个新场合，人物、事件、时间、地点、前因后果等参数都会发生变化，我们的目标、计划、我们原本自律的行为都被置于危险之中。这是一个简单的动态过程：**不断变化的环境改变了我们。**

一位母亲在家的时候，会悠闲地给自己和孩子做早饭，然后送孩子上学，自己去上班，但是一旦到达办公室，去参加公司创始人主持的一场重要预算会议，她就会判若两人。其实她也没办法。在家里，她多多少少是自己地盘的女主人，所以会表现出高度负责的领导行为，照顾家人，要求孩子们服从，还能得到尊重。办公室是完全不同的环境。她或许还像在家里一样自信能干，但不论有意还是无意，她都会努力调整自己在会议室的行为。她会顺从权威，会密切留意同事们的发言和肢体语言，这种状态会贯穿她的整个工作时间，从一个场合到另一个场合。随着环境的变化，她也发生了改变。

这位女士的行为没有丝毫不诚实。这在职场环境中是必要的生存策略，特别是当你不是这个场合的绝对权威的时候。

即使这位女士是公司老板，情况也不会有任何改变。领导者也会调整他们的行为来适应环境。一家大型建筑公司的老板曾经告诉我，作为一家防务设施承包商，不同的政府合同有不同的保密要求，她给公司不同部门分发信息时，必须极度谨慎。美国联邦政府曾要求她控制自己的言谈，可以在某个场合分享某些敏感信息，但是在另一个场合就不行，反之亦然。结果，她对环境和行为之间的联系高度警惕，做不好的话，不但会损害公司利益，还会把她自己送进监狱。

作为一项练习，我让她跟踪自己所处的环境，看看一天她会承担多少不同的角色。九种，她回答。在办公室里，她像个CEO；公关活动中，她像个新闻发言人；和设计人员在一起时，她像个工程师；和潜在客户交流时，她像个推销员；接待同行时，她又像是一名外交官……很少有人会被强制要求如此留意自己的行为。

高管们都知道，一天之中，环境会随时发生变化。但是对高管来说，90%的场合他们都是房间里最有权势的人，他们很容易相信自己不会受到环境的邪恶支配，事实上，他们认为自己在控制环境，而不是环境在控制他们。鉴于这些高管们每天听到的都是阿谀奉承之词，产生这样离谱的想法也情有可原。不可接受，但情有可原。

曾经，2008年，我应邀到伦敦指导一个名叫纳迪姆的高管。纳迪姆生于巴基斯坦，幼年时期移民到英国，毕业于伦敦经济学院，成为一家业内领先的消费品公司的高管。纳迪姆像一颗冉冉升起的新星，拥有CEO候选人的所有美德，他聪明、英俊、勤奋，深得下属尊重，甚至是爱戴。但是他的良好声誉还是出现了一些裂痕。于是，公司CEO请我来帮忙解决这些问题。

我们都知道，有些人会让我们心烦意乱，诱发我们举止失常。和这样的人在一起，我们会变得暴躁、易怒、好斗、粗鲁，事后又总得为我们的失常行为道歉，但是我们很少会把产生这些错误行为的原因归结于那些人。纳迪姆也是一样。当我采访他的同事时，有一种情况被反复提及：纳迪姆是个了不起的人，但只要他和市场总监西蒙一起开会时，他的风度就会消失得无影无踪。

我问纳迪姆，他和西蒙是否有什么过节。他回答："他是个种族主义者。"

我问："这是你自己的看法，还是有证据支持呢？"

"我自己的看法，"他说，"但是既然我都感觉到了，那还不是事实吗？"

我得到的反馈是，西蒙喜欢在开会时调侃纳迪姆。这不是种族主义。西蒙是英国特权阶级和贵族学校的产物，他自称"花花公子"，热衷于自吹自擂、挖苦他人，并通过这种挖苦来向别人炫耀自己的出身，在贬低他人的同时抬高自己。他不是一个好相处的有趣家伙，但也绝非偏执的种族主义者。纳迪姆对西蒙反应过度了。只要西蒙在开会时与他出现分歧，纳迪姆就会想起英国和巴基斯坦之间几十年的恩恩怨怨，他可不想让大家看到自己屈服。

纳迪姆说："我如果默认了他的鬼话，就显得我在示弱。"所以他还击了。

在纳迪姆的意识里,这是个种族歧视问题,但只有他一个人这样理解。结果,同事们把纳迪姆当成一个只说不做的人,只是口头鼓吹团队合作,却不肯带头示范。这让大家觉得纳迪姆是个伪君子。

我的任务是让纳迪姆认识到这些:

◎ 他的行为并没有很好地为他服务。
◎ 他的错误行为仅在他和西蒙共处时出现。
◎ 只要西蒙挑战他,就会诱发这种行为。
◎ 他必须做出改变,因为不能指望西蒙改变。

对纳迪姆来说,最大的领悟在于认识到他的错误行为是和环境有关的,完全是由西蒙诱发的。**他把这种环境命名为"西蒙环境",每当他发现自己处于"西蒙环境"时,他就会保持高度警觉**。对他来说,这是一种全新的思考方式,也是他把自身行为变得更好的关键因素,尽管不是唯一因素。

第20章我们还会说到纳迪姆,详细了解他如何改变行为,最终赢回了同事的尊重以及他的对手西蒙的尊重。纳迪姆的这段故事令人注目,也令人振奋、鼓舞,它完美诠释了成年人一旦成功改变行为习惯,会带来多大的益处。

但现在,让我们来吸收纳迪姆来之不易的感悟:**我们的环境是一台无情的诱发机器。如果我们不去塑造环境、控制环境,环境就会塑造并控制我们,把我们变成一个自己都不认识的陌生人。**

04

一个诱因就是一次刺激

作为纳迪姆的教练，我有幸采访了他的同事和下属，听到了他们对纳迪姆行为的真实反馈。仅靠纳迪姆自己，得不到这些宝贵的反馈。

每次采访开始时，都需要一点点提醒，因为人们本质上都是正派宽容的。他们不想伤害同事的感情，或者口出恶言。有时候他们还担心遭到报复，尽管我承诺绝对匿名。不过，他们最终认识到这种做法符合每个人的利益，所以也就实话实说了。

受访者几乎总是聚焦于纳迪姆具体的行为。他们极少提到这些行为发生的具体环境，我必须进一步挖掘这些信息。他什么时候会这么做呢？当时他和谁在一起？为什么这样做？最终我得到了有用的答案。受访者开始描述一些具体的情景，比如当他"压力很大""赶最终截止时间"，或者"同时应付很多事"。慢慢地，他们发现，环境在如何深刻地影响着人的行为[1]。

这就是有关纳迪姆的反馈。他的同事们讲述了纳迪姆在开会时的顽固表现，但在我持续追问之下，他们发现只有西蒙在场时才会出现这种顽固行为。

反馈——包括提供反馈和接收反馈——是我们变得更聪明、更注意环境和行为之间联系的第一步。反馈教我们将环境视为一种触发机制，在某些情况下，反馈本身也会成为一种诱因。

想想我们在开车时得到的所有反馈，为什么只有一部分诱发了理想行为，而其他反馈却被忽视。

假设你以每小时55英里的限速行驶在一条乡间小路上，即将到达一个村庄。你知道这一点是因为在村口半英里处有一块路标：前方限速每小时30英里。这个路标只是提醒，并不是命令，所以你保持之前的速度。30秒后，你在村口又看到一个路标：限速每小时30英里。你可能会遵守，但如果你像大多数司机一样，就会保持原来的速度（或稍稍减速），因为你一直在55英里时速的环境里驾驶，继续这样做比停止更容易。只有当你看到一辆执法警车在监控车速时，你才会遵从30英里时速的要求，因为交警出示的超速罚单是你不想要的结果。

发达国家的每一个社区都不得不与给市民带来危险的超速司机打交道。多年以来，圣地亚哥北部的司机都无视限速标志，圣地亚

---

[1] 当然，受访者们很少会把这种洞察运用到自己身上。至少，在一次与他们无关的采访之后不会如此。

哥高速公路上的限速是每小时65英里，主要商业街道是每小时45英里，学校和居民区附近是每小时30英里。人们用尽一切办法也无法减少超速现象，甚至加大罚款力度也无济于事，直到小镇官方安装了雷达测速仪——在限速牌下边安装一个检测超速的数字仪表。你或许曾经在学校或者收费站附近看到过它们。如果雷达测速仪上的数字显示你超速了，你可能会立即踩刹车。随着传感器技术日渐廉价，雷达测速仪得到了更加广泛的使用，它们的效果也更加有用、更加可靠。因为雷达测速仪，人们对限速要求的遵守度提高了30~60%，而且其效果一直延续到司机离开雷达测速仪几英里之外。

雷达测速仪也被称为司机反馈系统，它能够起作用，是因为利用了一种已经得到验证的行为理论——反馈环（feedback loop）。雷达测速仪检测司机的行动（例如超速），并把这些信息实时反馈给司机，让司机做出反应。这是一个"行动—信息—反应"的循环。当司机做出的反应再次得到反馈时，一个新的循环就开始了，如此循环不息。司机只需要扫一眼雷达测速仪，就能做出立即反应。不难想象，反馈环在改变人们行为方面的巨大效用。

一个反馈环包括四个环节：证据（evidence）、关联（relevance）、后果（consequence）、行动（action）。只要认识到了这一点，你就很容易理解为什么雷达测速仪对反馈环的利用如此有效。司机实时得到有关他们开车时速的数据（证据）；这些信息引起了他们的注意，因为它和限速标志是同时出现的，指明了他们是否超速（关联）；察觉到自己超速以后，司机们害怕吃罚单或者伤害他人（后果），所以他们就会减速（行动）。

每次一对一指导中，我基本上是从一个反馈环开始。例如，我和纳迪姆采取的第一步行动是让他看到**证据**，也就是我汇总并与他分享的那些采访结果。那些有关他的行为的故事，引起了纳迪姆感情上的共鸣，因为它们都来自他所尊重的人，且它们之间有明确的**关联**。循环的第三个环节**后果**，也非常明显：如果纳迪姆不改变他在西蒙周围的行为，他就无法成为理想的团队成员，就有可能毁掉自己的职业前途。这个选择并不难。只要证据、关联和后果深深嵌入纳迪姆的思维，他就会有足够的理智，开始**行动**。他会忽略西蒙自吹自擂的方式，他会忍住与西蒙争辩的冲动，他会争取到西蒙，从而得到同事们的尊重，提高自己的声誉。每一次对西蒙表现出一点克制，他就会变得更好一点，更自信一点，给同事们留下的印象就会更好一点。这个循环反复运作，前面的行动带动新的行动，最终推动纳迪姆不断接近他的目标。

这就是反馈环最终诱发理想行为的原理。一旦我们把反馈环分解为四个环节：证据、关联、后果、行动，世界就会焕然一新。突然间，我们明白好行为不是随机的，它是有逻辑的，是有模式可循的，是有意义的，是在我们控制范围之内的，也是可重复的。正是因为它，当医生告诉病人他们患有糖尿病，如果不马上改变生活习惯，就有可能死亡、失明或者瘫痪时，他们能够立即控制自己的饮食习惯。因为死亡、失明、残疾都是我们能理解而且无法忽视的后果。

我不想在反馈环的理论中纠缠太久。它们很复杂，几乎可以运用到任何事物上。在本书中，**我们只需要关注我们所处的环境和行**

为所创造的反馈环。

作为一种诱因,我们的环境有类似于反馈环的**潜力**。毕竟,我们的环境在不断提供对我们有意义的重要信息,并改变我们的行为。但相似之处仅限于此。

一个精心设计的反馈环能诱发理想的行为,而我们所处的环境常常诱发不良行为,它不经意间违背了我们的意愿和判断。我们甚至都不知道自己被它改变了。

如果我们可以控制我们的环境,让它像一个精心设计的反馈环一样,诱发我们做出理想的行为,结果会怎样? 这种环境不会阻碍我们实现目标,反而会激励我们不断努力,让我们在纷杂的环境中不再迟钝,变得更加敏锐。它不会禁锢我们的本性,而会开启心灵的大门。

为了做到这一点,首先来明确一下诱因的概念:

诱因,指的是影响我们行为的任何刺激。

这个定义宽泛,有几种分类方式可以让我们更好地理解诱因对我们行为的影响。

1. 诱因可能是直接的,也可能是间接的

直接诱因是指直接、明显促使人们行为发生改变的刺激,在诱因和人们的反应之间没有缓冲。例如,遇见一个快乐的孩子,你就会微笑;开车时看到一个跑到街上追篮球的孩子,你会立即踩刹

车。间接诱因则需要更加迂回的路线才能影响行为。例如，你看到一张家庭合影照片，不由思绪联翩，最后拿起手机给妹妹打电话。

2. 诱因可能来自外界，也可能来自内部

外界诱因来自环境，它会不断炮轰我们的五官和大脑。内部诱因与外部刺激无关，来自内心的想法和感受。例如，当你独自思考问题时，会有一些想法莫名其妙地浮现在脑海中，激发你去行动。很多练习冥想的人都有类似的体验，也就是他们所谓的"内心的声音"。它的产生或许很神秘，但是它只要能激发你去行动，就和其他外界督促同样有效。

3. 诱因可能是有意的，也可能是无意的

人们很容易留意到有意诱因。当你触碰到一个烫盘子，你知道你的手指为什么缩回。无意诱因则在你的意识之外塑造你的行为。例如，无论人们多么频繁地讨论天气，他们通常意识不到天气对自己情绪的影响。同样是提问"你现在有多快乐"，天气好时，人们的回答要比天气不好时更快乐。如果继续问，大多数受访者都不认为天气对他们的快乐指数有任何影响。天气就是一种无意诱因，它改变了人们的快乐指数，人们却没有意识到。

4. 诱因可能是可预见的，也可能是意外的

我们可以提前预料到诱因。例如，在超级碗开始比赛时我们会听到美国国歌，歌声结束时会有喧闹的欢呼声。国歌会诱发可预期的反应。反之亦然，我们知道侮辱性语言会诱发他人的怒火，所以我们会避免这样做。意外诱因总是出乎我们预料，从而激发不寻常的行为。我的朋友菲尔无法预见自己会从楼梯上摔倒，而这一摔让他产生了要改变的强烈愿望。

5. 诱因可能激励人，也可能打击人

激励诱因让我们有力量坚持当前的行动。它们具有强化作用。对一名精疲力尽的马拉松运动员来说，看到终点线会激励他坚持跑下去，甚至还能加速冲刺，竞争对手从身旁超过他的时候，也会产生同样的效果。打击诱因促使我们停止或者减少当前的行动。如果我们在电影院里聊天，可能会有观众发出生气的"嘘"声，我们意识到自己打扰了别人，就会停止说话。

6. 诱因可能富有成效，也可能毫无效果

这是最重要的区别。有效诱因能让我们成为可怕的自律人。无

效诱因会让我们每况愈下。

诱因不是天生就"好"或者"坏"的，关键在于我们对它做出的反应。例如，好心好意、善于鼓励的家长可能给一个孩子留下正面印象，也可能让另一个孩子觉得"令人窒息"。有两个以上孩子的家长都非常了解这一点。同样的辛勤付出和关怀照料，可能会让一个孩子感恩，也可能让另一个孩子叛逆。同样的家长，同样的诱因，不同的反应。

诱因矩阵

为了全面理解这种现象背后的原因，我们要进一步观察诱因的最后两种分类方式——激励诱因和打击诱因、有效诱因和无效诱因。它们反映了"我们想要什么"与"我们需要什么"之间的永恒冲突。我们想要短期满足，我们需要长期利益。这是成年人行为改变中决定成败的冲突。我写下了这些决定成败的因素。

我定义了，究竟是什么让一个诱因成为激励诱因。一个人的美餐，可能是另一个人的毒药。突然出现一碗冰淇淋，可能会让我们感到饥饿，也可能让我们乳糖不耐受的同伴恶心。

同样的，我定义了，究竟是什么让一个诱因成为有效诱因。我们都宣称想要积累财富，这是一个常见目标。但是当我们得到年终奖金时，有些人会把钱存进银行，有些人会去豪赌，一个周末就把它们挥霍殆尽。同样的诱因，同样的目标，不同的反应。

我们可以用下面的矩阵来描述这种冲突。其中，激励诱因引导我们朝想要的事物努力，而有效诱因引导我们朝需要的事物努力。只有当两者一致时，才是理想环境。不幸的是，我们想要的事物常常会迷惑我们，让我们忘记需要的事物。让我们来更细致地观察它们！

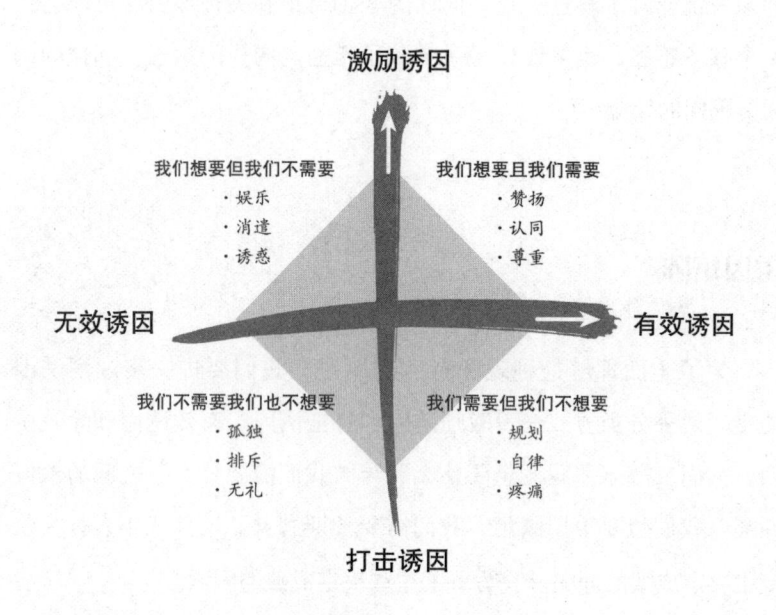

```
                          激励诱因
                             ↑
   我们想要但我们不需要          我们想要且我们需要
      · 娱乐                    · 赞扬
      · 消遣                    · 认同
      · 诱惑                    · 尊重

无效诱因 ←——————————————————————→ 有效诱因

   我们不需要我们也不想要        我们需要但我们不想要
      · 孤独                    · 规划
      · 排斥                    · 自律
      · 无礼                    · 疼痛

                          打击诱因
```

只有在象限右侧，才能改变行为

我们想要且我们需要：右上角一块，是我们最喜欢的区域。在这种情况下，激励诱因和有效诱因相重合，我们想要的短期满足和长期成就是一致的。赞扬、认同、尊重、财富都是常见的此类诱因。它令我们现在就加倍努力，也强化了我们为实现目标坚持不懈的行为。我们现在想要的，就是我们今后需要的。

我们想要但我们不需要：激励诱因和无效诱因同时出现的时候，体现为左上角一块。在这种情况下，我们会遇到一些诱惑我们、令我们愉悦的环境，它们引诱我们、使我们偏离目标。如果你曾在应当学习或者完成一项任务或者开始睡觉的时候，却在网上疯狂刷了一两季电视剧，你就应该知道，诱惑能让人们做出不利于自己的选择。你因为贪图短期满足，牺牲了自己的长远目标。如果你曾得到过上司的褒奖或者客户的宽慰，从而有借口放松一点点，你就会知道这些积极力量是如何使你后退而非前行的。

我们需要但我们不想要：右下象限是一个令人头疼的大杂烩，那些令人沮丧的诱因我们不想要，但是我们知道自己需要它们。

规划（或任何高度纪律化的环境）是打击人的，因为规则限制我们，规则存在，就是为了清除个人行为的特殊性。但我们需要规则，因为遵从规则能让我们做正确的事。规则把我们推向正确的方向，即使我们的第一冲动是走向另一个方向。

恐惧，害怕被羞辱、被惩罚、被训斥，害怕后悔、害怕不被尊重、害怕被排挤，是极度打击人的诱因。当我们无法遵从某条规则时，恐惧经常浮现。

你可能会感到奇怪，自律也属于打击诱因。当客户嘲讽挖苦他人时，我会罚他20美元，这就是一个打击诱因，它的目的也是诱发积极行为，让人们变得更好。疼痛当然是一种终极版打击诱因：我们会立即停止一种造成疼痛的行为。

我们不需要我们也不想要：左下象限可不是个好地方，这里的诱因没有任何好处，只会打击我们。它包括所有让我们苦不堪言的绝境，我们在那些情况下简直看不到任何出路。可能是一个有害的工作场所或一个充满暴力的社区，这种环境诱发的不健康行为，会让我们离自己的目标越来越远。这些邪恶的环境会诱发疲劳、紧张、冷漠、绝望、孤独、愤怒，这并不奇怪，唯一的奇怪之处是我们为什么会选择留在这里，而不是火速撤离。

不要以死板的态度对待这些象限，这里没什么教条。我们的人生经历丰富、太多变，一套象限是固定不了的。有些诱因所属的象限不止一个，有时还会发生变化，我们对诱因做出的反应将决定诱因的归属，也将决定我们自身的状态。不妨想想同侪压力这种诱因。一个在学业上雄心勃勃的少年，或许会因为刻苦学习和上大学的理想，遭到懒惰同学的排斥。如果他被这种同侪压力打击，他就会发现自己陷入了最尴尬的左下象限。另一方面，如果他顶住了这种压力，忍住了同学们的排斥，这种孤独会让他学习更加专注，决心更加坚决。它给了他所需要的自律。从短期来看，这可能并不愉快，但是只要这样做，他就能转移到右下象限。同样的诱因和目标，截然不同的结果。

我发现在和客户交流时，这个矩阵是非常有用的分析工具。它能够帮助我们识别生活中的诱因，最起码也能提高我们对环境的警惕。更重要的是，它揭示了人们是否在一个有效象限里行动。每个人都希望自己能在这个矩阵的右侧，朝着自己的目标不断前进。

现在轮到你了。试一试这个有效的测验吧！

选择一个你正在追求的目标。 比如，减肥、做更有耐心的家长、在急躁的人群中保持坚定自信,等等。

列出影响你表现的人和环境。不要把所有诱因都罗列出来,那样得有成百上千种。找准一两种有关某个特定目标的诱因就行。然后判断它是激励性的还是打击性的,是有效的还是无效的。

把这些诱因标入矩阵中,看看你在什么位置。如果你还没有实现目标,这个简单的练习可以告诉你答案:**你花了太多精力在你想要的事物上,对你需要的事物却投入不足。**

你或许会发现,你最要好的同事每天都要到你的办公桌旁好几次,下班后还想要经常聚会,他就是令你分心、不能按时回家照看孩子的诱因。你需要暂时远离这个朋友。

你或许会发现,你经常会忘记早上锻炼,因为你把刚睡醒的时间浪费在查看Facebook或者电子邮件上。你**需要锻炼**,但很明显**想要玩手机**。你需要重新考虑,早上是不是你锻炼身体的最佳时间。

我对这个测验的希望是:第一,让我们对某些诱因有更加深刻的洞察;第二,帮助我们把诱因与行为的成败直接联系起来。

我自己也做过这个测验。我和大多数人一样,觉得自己要是再轻5公斤,就会更加快乐。但是这么长时间以来,我也没对那多余的5公斤做什么。为什么我没能成为可怕的自律人呢?

这个矩阵告诉了我答案。

我没有遇到任何推动我接近目标的激励诱因。我只是向妻子丽达抱怨自己的体重。但是每当我要减肥的时候,她就会用肯定的话来给我的热情降温,她会说:"你看起来很健康。"这也是激励性的话,可惜不是那种朝积极方向驱动我的力量。她并非为了安慰我故意说谎。我并没有超重，从来也没有超重过。几十年来，我的衣服尺码和腰围都没变过。她又反复强调我的体重"好得很"。所以我告诉自己："她是对的，我为什么还要追究这谁也不留意的5公斤呢？"结果，我什么都没做，勉强接受了现状。

我也没有任何推动我接近目标的打击诱因。没有人因为这多余的5公斤羞辱我或者惩罚我。我没有建立任何规则或惩罚系统，帮助自己接近这个目标。在减肥这件事上，我不在矩阵的右侧。但只有在象限右侧，才能改变行为。

随着思考的深入，我发现自己处于矩阵中无效的一侧，这是一个令人羞愧的小教训，它时刻提醒我：只有我对某个诱因的反应有问题时，这个诱因才会变得难以处理。为了减这5公斤，我应该离开左上象限。这是我的选择、我的责任。明白这一点并没有让改变行为的难度降低，但它是朝着正确方向迈出的第一步。

这或许就是识别和定义诱因带来的最大回报——无论处于多么极端的环境，我们总可以选择改变我们的行为。

05

在诱因面前，我们总有选择

我们总是有选择权。那诱因和我们对诱因的反应之间也有选择吗？答案就没那么明显了。**诱因**和**反应**这两个词暗示了一个连续的行为，没有犹豫、反思、选择的空间。真的是这样吗？我们就这么容易被诱导吗？诱因到底是怎样影响我们的？在诱因和行为之间，是否还有其他选择，如果有的话，是什么？

我在加州大学洛杉矶分校攻读博士学位时，有一种分析儿童不良行为的经典行为分析理论，叫作情绪ABC理论，其中包括诱发事件（antecedent）、行为（behavior）和后果（consequence）。

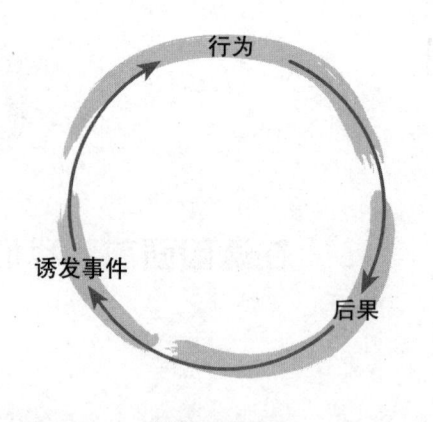

情绪ABC理论

诱发事件是指激发一种行为的事件，该行为又导致了后果。举一个常见的例子：一个学生没做课堂作业，却在画画。老师要求他完成作业（这个要求是诱发事件），这个学生的反应是大发脾气（行为），最后老师做出响应，把他送到了校长办公室（后果）。这件事用情绪ABC理论分析就是：**老师的要求导致学生发脾气，再导致孩子见校长**。几次之后，老师得出结论：这个学生的行为是为了逃避课堂作业。

在查尔斯·杜希格的呕心之作《习惯的力量》中，他运用情绪ABC理论来培养好习惯或改正坏习惯。不同于诱发事件、行为和后果，他使用暗示（cue）、行为（routine）和奖赏（reward）来描述习惯回路的三个部分。例如，抽烟就是一个习惯回路，其中包括压力（暗示）、尼古丁刺激（行为）、暂时的心理慰藉（奖赏）。人们在努力戒烟的时候，体重常常会增加，这是因为他们用食物代替了尼古丁。他们这种做法保持暗示和奖赏,只改变了中间的行为。但是他们这样做也不怎么好,做三十个俯卧撑,或者其他任何体育锻炼,或许比多吃东西更有效。

杜希格提供了一个简练、生动的例子,描述了习惯中的暗示—行为—奖赏回路,他还告诉我们应该如何使用它改掉坏习惯。一个叫曼蒂的研究生喜欢咬指甲,经常习惯性地不停地咬指甲,直到咬出血。她想要戒掉这种习惯。治疗师了解到,每当曼蒂感到手指有些不舒服时,她就会把手指放进嘴里。她在无聊的时候,就会出现这种不舒服的感觉。这就是**暗示**:她手指上的不舒服是由无聊引起的,咬指甲是她克服无聊的**行为**。这种身体刺激,特别是她快速把十个指甲挨个咬掉的满足感,就是她得到的**奖赏**。她渴望这种奖赏,结果养成了这种习惯。

治疗师建议曼蒂随身携带一张小卡片,每次她感到手指不舒服时,就在卡片上做一个记号。一周以后,她向治疗师汇报说,她在卡片上做了28个记号,现在,她明白这就是她把手指送到嘴边的暗示了,她已经准备好改变自己的行为了。治疗师教给她一种"竞争反应":遇到这种情况,就把手插在衣兜里或者紧握一支笔,尽一切可能阻止手指进入嘴里。最后,曼蒂学会了蹭胳膊或者用手指敲桌子,代替咬指甲给自己身体上的满足。暗示和奖赏依然如故,但是行为发生了改变。一个月以后,曼蒂完全不再咬指甲了。她用一种好习惯代替了一种坏习惯。

我不想再过多讨论杜希格习惯回路中的第一部分和第三部分,不论我们用什么名字称呼它们,是诱发事件与后果,还是暗示与奖赏；是刺激与反应，还是目标与效果，或者诱因与后果。我想改变的是中间部分：**行为**。习惯回路乍听起来好像意味着我们只需要留意身边的暗示，然后就能自动反应，做出恰当的行为。

对个人习惯来说确实如此。但是在我们**改变人际行为**的时候，就平添了一层他人的复杂性。我们对诱因做出的反应不可能总是自动的、习惯的、不假思索的，作为有感情的人类，我们必然会考虑他人对我们行为的反应。手指甲不在乎我们咬它还是留它，杯中酒不在乎我们喝它还是洒它，香烟不在乎我们对它的渴望。但是在生活中，人们非常在乎我们是屈服于第一冲动（例如粗鲁、残忍、愤怒），还是遏制这种冲动，做出更好的选择。和各种各样的人打交道，光靠习惯是指导不了我们的行为的。我们必须学会根据不同的情况调整自身的行为，而不只是按习惯做事，因为光靠习惯的风险太大了。如果我屈服于自己对尼古丁的渴望就点上一支烟，那就会伤害我自己；如果我对孩子大发雷霆，那就会伤害我的孩子。

关于改变成年人的行为，我对诱发事件、行为和后果的顺序进行了修改，在其中插入了察觉（awareness），甚至可以说是警觉（mindfulness），这是一个非常短暂的时间。我的修订版顺序是这样子的：

诱因 ➡ 冲动 ➡ 察觉 ➡ 选择 ➡ 行为

我单列出了三个非常短暂的时刻：先是冲动，然后是察觉，最后是选择，其中包括了从诱因到我们最终行动之间的关键过程。这个过程如此短暂，以至于我们有时候无法把它们从"行为"中分离出来。但是经验和常识告诉我们，它们是真实存在的。

　　有些时候，我们会遵从本能。例如，听到身后有撞击声会立即低头保护自己。那些更机灵、警觉的人，听到声音后不会撒腿就跑。他们会观察周围环境，看看后边到底发生了什么事情——万一还有更糟糕的事情呢？同样的诱因，不同的反应，其中一个自动而仓促（说白了就是本能），另一个则经历了暂停、反思、筛选。我们不是原始的海蛞蝓，用针一扎就会紧张乱动。我们能认真思考，也能把任何冲动搁置片刻，然后选择顺从或忽略它。我们做出的选择，并非不假思索出于习惯，而是我们智慧和投入的证明。换句话说，我们付出了心力。

　　2007年，我曾作为周末版电视节目《今日秀》的嘉宾，接受莱斯特·赫特的采访。在上台之前有人提醒嘉宾说，在摄像机前时间过得很快，六分钟好像六十秒一样飞速。此言不假。我接受的采访很顺利。事实上，我太陶醉其中了，当听到莱斯特感谢我前来参加节目时，我竟然有点不知所措，因为这是主持人暗示节目结束的惯用说法。我简直不敢相信，我们才刚刚开始，我还有六项内容没有说呢。莱斯特的话诱发我产生了一股冲动："不，让我们继续吧！"事实上，这句话已经到了我的嘴边。但这是在全国性的电视台，有400万人在看节目呢。我感到很紧张，警觉自己说出的每一个字、所做的每一个动作。在那句傻话即将蹦出我嘴边的一刹那，我暂停下来，反思这样做的后果。我真的想要告诉《今日秀》的主持人，我还不想结束采访吗？我真的想要成为赖在台上不走的嘉宾吗？最后，我抓住莱斯特的暗示，回答道："感谢你们的邀请。"

我敢肯定，所有人在节目最后几秒钟，都会看到一名嘉宾像自动导航一般的行为。他按照惯例与主持人相互表示感谢，手势也很程式化，既没有什么特色，也不引人注目。观众不会想到，从莱斯特·赫特的提示到我做出最终选择的那一瞬间，我的大脑里经历了怎样的快速思考。虽然这看起来像是背台词，像是很随意或者下意识做出的反应，但事实上，哪怕是被感谢参加节目这样的事情，我也权衡了自己的选择。

抑制你的第一冲动

只要留心我们就会发现，任何人登上全国性电视节目时都会更加警觉。这就是诱因的工作方式：我们越警觉，诱因就越难激发鲁莽行动，即使是在最日常、最容易冲动的情况下，也是如此。我们与其按照本能行动，不如放慢速度三思而后行，做出更加深思熟虑的选择。

在重大时刻，我们已经这样做了。当我们第一次与公司CEO开会时，我们会高度警觉，把他的每一句话、每一个手势、每一个问题都当成诱因。在他征询意见的时候，我们不会把第一想法脱口而出。因为我们知道，我们已经进入了一个地雷阵，迈错一步就有可能产生严重后果。我们像外交官一样字斟句酌，甚至提前准备如何应答。不论如何,我们都不会屈服于冲动和本能,而是会思考、选择,然后再做出反应。

但矛盾的是,这些充满压力、冲动、高风险及潜在灾难的重大时刻,其实并不难掌控。人们只要知道这是表演时间,他们就会做好登台表演的准备。

反而是那些不起眼的小瞬间,诱发了我们大多数过分的消极反应。例如,咖啡店门前的减速带、第二个问你为何依然单身的表哥、遛狗不清理狗屎的邻居、进屋不摘墨镜就和你聊天的同事、提前到场的客人、在邻座大声放音乐的乘客、飞机上哭闹的婴儿、总是调侃你糗事的朋友、站在电梯左侧挡路的人,等等。

这些都是生活中的琐事。它们每天都在发生,永远也不会停止,且总能激起我们的怒火。

有些人能抑制住自己的冲动。或许是因为判断力,害怕与他人对峙,或许是有其他更紧急的事情要做,但是不论出于什么原因,总有人能化解这些冲动,忽视这些诱因带来的烦恼。诱因如同扣动手枪的扳机,只要枪里没有子弹,那就没什么关系。

另一方面,有些人很容易被诱发,总是难以抗拒自己的本能。他们一定要大声说话,这样就造成了某些不文明的现象。这些小小的烦恼可能会让我们对丰富多彩的生活产生一些困惑,但我们不能因此就变成《宋飞正传》里那些惹人生气的角色。

更为危险的情况,是我们与家人好友之间琐碎的诱发时刻。在他们面前,我们感觉自己可以随意说话做事。他们了解我们,他们会原谅我们,所以不必伪装,我们可以冲动地表达真实的自己。正是因为这样，在最亲密的人际关系中，我们与对方因为种种诱因冲突不断，我们怒气冲冲地朝他们大喊大叫，和他们吵架然后摔门而去，然后甚至几个月、几年、几十年都互不搭理，但这种情况很少发生在与陌生人的交流中。

例如，你十几岁的女儿借你的车开，两小时后打电话告诉你车被偷了。她去便利店买零食的时候把车钥匙落在了车上。因为这个愚蠢的错误（忘拔钥匙），一个小概率事件（车被偷）的可能性大大增加。作为家长，你会做出怎样的反应？你的女儿没有受到伤害。她没有人身危险或法律风险，她是受害者。最坏也只是你的财产受到了损失。你的第一冲动是什么？

你可以暴跳如雷，说出"我早告诉过你……"或者"你总是这样……"，也就是在强调：父母懂得最多，你女儿没她自己想得那么聪明。你也可以安慰她，问她"需要搭便车回家吗？"你有**选择**。

我这里没有完美答案。这通电话是一个非常强大的诱发时刻，尽管它很简短、意外，从大局看，是一件小事。损失已经造成，从现在起，不是说大话让孩子开心，你如何回应至关重要。这个不幸的遭遇会给你和孩子之间的关系造成更多伤害，还是会有什么好结果？你会屈服于表达轻蔑的自然冲动，还是深吸一口气做出更明智的选择？

06

我们是超级计划人，也是差劲行动人

我们为什么没能成为可怕的自律人？为什么我们不去做明知道应该做的事，或者我们计划要做的事？这是一个永恒的难题，它和亚里士多德一样古老。我自认为找到了一个满意的答案，但要领会它，要回到我职业生涯初期。

20世纪70年代，当我在加州大学洛杉矶分校攻读博士学位时，我的导师保罗·赫塞是一名组织心理学专家。保罗对组织行为学领域做出的最杰出贡献，是提出了**"情境领导"**（Situational Leadership）的概念。他与肯尼斯·布兰查德共同创造了这个理论。他是我的朋友，也是我心中的英雄。

赫塞和布兰查德的理论认为，领导需要调整自己的风格来适应员工不同的准备度（Readiness）。准备度不但会因人而异，还会因任务而异。对于不同的任务，员工有不同层次的动力和能力。例如，杰瑞是一名优秀的销售员，可能在拜访客户这项任务上准备度很高，但是撰写销售报告的准备度可能就较低。最高效的领导会改变他们的领导风格，适应不同情境的需求，这就是他们所说的情境领导。

赫塞和布兰查德认为，领导应该做到以下几点：

◎ 记录下属们的不同"准备度"。
◎ 高度配合每一种情境。
◎ 承认情境是在不断变化的。
◎ 善于调整他们的领导风格，适应下属的准备度。

在"情境领导"理论中，对待员工的风格有四种：

1. **指导式领导风格**（Directing）。适用于需要大量明确具体的指导才能完成任务的下属。这时领导或许会说："克里斯，我想让你做这件事。"然后把一步一步该怎么做，以及需要什么时间把这件事做完都讲清楚。这主要是一种单向沟通，员工的反馈很少。

2. **教练式领导风格**（Coaching）。适用于需要双向沟通才能完成任务的下属，他们能力不足但有积极学习的愿望。这时领导或许会说："克里斯，我想让你做这件事。"然后征询他的意见："你有什么想法，克里斯？"

3. **支持式领导风格**（Supporting）。适用于有足够能力但缺乏独立完成任务信心的下属。这种风格的特点是发挥下属的创造性。这时领导或许会说："克里斯，任务是这样的，你觉得应该怎样来完成它？我们一起来讨论讨论，有哪里需要我帮忙的没有？"

4. **授权式领导风格**（Delegating）。适用于动力、能力和信心都很高的下属。他们知道应该做什么、怎么做，能够自主完成任务。这时领导或许会说："克里斯，这是我们的安排。你的工作记录很棒。如果我能帮上忙的话，尽管开口。如果帮不上的话，那就多辛苦你了。"

这四种风格并无高下优劣之分。不存在哪种比哪种更好，每一种风格都适用于特定的情境[1]。

高效能领导凭直觉就知道这些。他们知道团队里哪些人可以独立作战，哪些人需要更多指导。其他强大的领导会从观察、试验和错误中学会这些。低效能的领导永远都不会明白，他们只会对话多

---

1 《晴空血战史》这部1949年的老电影差不多已经被人们遗忘，但是在商学院，它依然被视为情境领导的绝佳案例。

这些年来，我至少在课堂上组织过一万人观看并讨论这部电影。格里高利·派克在片中饰演第二次世界大战中的弗兰克·萨维奇将军，他把一个"倒霉的"美国轰炸机中队改造成随时处于备战状态的精英团队。在此过程中，他表现出了以上全部领导风格。

另一个比较近的例子是电影《球场雄心》，这支印第安纳州米兰镇的高中篮球队赢得了1954年州冠军。吉恩·哈克曼在片中饰演球队新教练，他表现出了严格的指导式领导风格，让他的球队重新学习基本功。后来则演变成教练式领导风格和支持式领导风格。在电影的高潮部分，他最终改变领导风格为授权式领导。在比赛胶着、己方获得发球权的时候，哈克曼在万众瞩目之下进行了最后指导，他打算用明星球员吉米·齐特伍德作为诱饵。球员们沉默了。

哈克曼问："有什么问题吗？"球员们想让他们的球星来投最后一球。齐特伍德看着哈克曼，推翻了这个计划，说："让我来投！"教练看到，他的明星球员有担负这项任务的激情、能力和信心。当然，最后齐特伍德完成了绝杀。

的下属说"需要学会聆听",奢望这一次谈话就能彻底解决问题。他们不知道教一个不会聆听的人去聆听有多难,事后却惊讶于下属依然不会聆听。

情境领导是一套著名理论,影响了全世界数百万领导者。因为我在职业生涯早期就从它的创始人那里学到了它,所以我从骨子里相信它。这也成为我选择以帮助企业领导改善他们与同事、下属之间的关系作为职业的主要原因之一。

权衡你的需求,选择你的风格

但是,情境领导理论怎样才能解答我们总无法成为理想中的自己的呢?

我意识到,我们在试图改变行为习惯的时候,体内存在一种隐藏的矛盾,赫塞和布兰查德的情境领导理论是对这种矛盾的完美分析。不论你称这种关系为领导与下属,还是计划人与行动人,还是经理与员工,这种矛盾都是一样的。在本书中,这些词语都是可以互换的。

在我们制订计划,想要成为更好的朋友、搭档、员工、运动员、父母、儿子或女儿时,我们每个人身体里都有两个小人,一个是领导、计划人、经理,他计划改变我们的行为;另一个是下属、行动人、员工,他必须执行这个计划。我们以为他们是一个人,因为在一天中,我们会不由自主地一会儿扮演这个角色,一会儿扮演另一个角色,他们都是我们的一部分。但是我们错了。

事实上，每一天开始的时候，我们都像是一个双面人，一面是领导，另一面是下属。随着时间推移，这两者之间的距离会渐行渐远。

回想一下你是怎样开始一天的生活的。大多数人在刚睡醒的时候像是领导，对这一天有一份完美的计划，甚至还会写下一张清单，列出所有要做的事情，也许你也是如此。每当看到这份清单的时候，你就会感到这一天充满了信心和动力。为什么不呢？你可是有计划的人。计划是个好东西，这时候，你的行为像个领导。但是就在同一天的稍后时间，稍不留神，你就变成了另一个角色。你变成了下属，这个人必须执行领导的计划。

作为领导，你认为理想的下属将会按照你的想法，严格执行你的每一条命令，而且你的下属也不会有任何理由让你失望。毕竟，谁会故意失败呢？你忽视了一些可能性，你理想的员工可能会被顾客或同事激怒，或者被叫走处理一件急事，或者因为开会超时耽误了时间。你却一厢情愿，以为这一天会过得顺顺利利，每一件事都会得到落实。不仅今天是这样，每天都会这样。

现在可以问问你自己：**你什么时候按照自己的计划逐条完成一天的工作了？**

作为领导，你的下属什么时候以你所希望的态度，在你规定的时间内精确执行你的命令，取得了你所期待甚至更好的效果呢？

这种情况很少出现。只有当他们表现非常突出、值得大肆庆祝的时候才会这样。

所以，当你既是领导又是下属、既是经理又是员工的时候，为什么要抱有这种期望呢？你只不过是把命令下达给了自己，而不是别人，为什么就要指望每件事都非常顺利呢？

不论你是领导别人，还是领导自己体内的下属，阻挡你实现目标的障碍都是一样的。你依然要应付这个敌大于友的环境，你依然要面对那些想诱惑你偏离目标的人，你依然要考虑小概率事件高概率发生的现象，你依然要考虑到随着时间推移你的精力会逐渐消退，你的动力和自控力也会衰退。

我渐渐发现，情境领导的规则或许也适用于成年人自主改变行为习惯的情况。如果我们每个人体内的计划人都像高效能领导一样，在任何时候都能审时度势，采用恰当的管理风格对待下属，结果会怎样呢？**这只需要两个步骤：权衡需求，选择风格。**

其实，我们很多人已经在自动进行这种自我评估了。在遇到重大问题时，我们会有一种直觉告诉自己需要多少帮助。有些目标只需要很少指导甚至不需要指导。我们不会把这种目标写在纸上，或者专门给它安排时间，或者让助手提醒我们做这些事。我们体内的计划人已经授权行动人做这些事了，而且认为他一定会做好。然而，在其他任务和情况下，需要更有力的指导。

例如，我要**出席女儿的婚礼**，这件事对指导和自我管理的需求就很低。我不大可能忘记婚礼的日期、时间、地址和穿着。我不需要为了避免未知的灾难，让别人告诉我按时去教堂。这些事情太重要了，所以没什么能让我分心忘记它们。

但是另一方面，**我在婚礼上的言谈举止**就需要指导了。我这样说是因为在2008年我女儿凯莉的婚礼上就发生过类似的事。在准备晚宴的时候，她把我拉到一边，交代我哪些话能说、哪些事能做，要特别关照哪些人。"爸爸,你可别搞得跟上课一样。"她叮嘱说。

我不认为凯莉的要求是苛求的。她正确评估了我当时对指导的高度需求,我也很欢迎她的指导。后来,新郎的父亲告诉我,他老婆也同样对他提出了要求。甚至在漫长而快乐的婚礼当天,我时刻牢记着她的指导,每过一会儿就会问问妻子丽达:"我做得怎么样?"这就是我对支持式领导风格的理解。

彻底的自控,有时只需要一张小卡片

我把这种情境方法教给了客户,告诉他们**我们应该像管理他人一样管理自己**。最早的此类案例之一,是一位名叫伦尼的客户,他在州政府的一个大型减薪项目中担任委托律师。作为一家大型律师事务所的高级合伙人,伦尼有一群随时待命的助手,但政府部门的员工和资源都十分有限。伦尼以往的工作经验在这里行不通,他总是习惯性地把同样的任务安排给三四个人,这就给他的员工造成了不必要的困惑,让他们付出了多余的努力。但是伦尼并没有意识到这一点。

伦尼并不喜欢摆布人。他在每天一开始的时候,也没有刻意要迷惑、惹恼下属。他是一个善良正直、坚守原则的人,十分热衷于做好事。而且,他也意识到了自己的坏习惯,想要控制好自己。但是公司的开会环境诱发了伦尼,让他再次无法控制自己。他正为一个项目兴奋不已,想让每个人都投入其中,但是从他嘴里说出来的安排相互重叠。那天早上,他还是个打算控制自己的冷静领导,但是到了会场,他就不是积极主动的行动人了。尽管伦尼的出发点都是好的,但他身体内的两个小人是分裂的。他自己并不是一个能够执行自己计划的下属。

我问自己:如果伦尼体内的计划人采用更恰当的风格管理行动人,结果会怎样?如果教给他更好的开会方式,能不能改变他这种行为?

我和伦尼讨论了这些,一致认为他在开会时非常需要**指导**。他在参加会议的时候,比在其他任何时候都需要清晰的指令。我们的解决方案是用小卡片,每次开会的时候,伦尼都把卡片放在自己面前。卡片上写着:"不要把同一项任务安排给两个以上的人,让员工感到困惑。"这听起来似乎简单、老套,但是在会场气氛热烈、伦尼最为脆弱的时候,这张卡片就能够帮到他。就这样,伦尼体内的计划人和行动人实现了同步。

在此,我们把工作场合中的情境领导与实际应用进行类比。作为领导,伦尼为了改变自己低效的领导行为,首先改变了自己做事的方式。他发现,不能单纯依赖自己体内下属对领导的绝对服从。特殊情况下,要打破这种关系。在伦尼的例子中,是要留意自己在公司会议中的不当做法,这样下来正确的做法也就不难找到了。伦尼所需要的指导与规划,只不过是一张小卡片。

现在,让我们从工作场合转移到更为私人的情景中来。我们用计划人代指想要改变时的自己,用行动人代指实际做出改变的自己。矛盾是一样的:**我们都是超级计划人,也是差劲行动人。**

◎ 一位丈夫体内的计划人全心全意想要每天24小时都对妻子好，但是因为妻子打扰了自己收看《体育中心》电视节目，他体内的行动人厉声指责她。

◎ 一名高管计划花更多的时间陪孩子，但是因为在公司加班，她体内的行动人错过了陪女儿游泳。

◎ 一个人想当个孝顺的儿子，计划每周礼拜天都给母亲打个电话，但是因为觉得一个月打一两次电话就"差不多了"，他体内的行动人已经连续两周没有打电话了。

我们认识多少人，遇到过多少情况，几乎就有多少用心良苦的计划和不尽如人意的执行案例。我们总是完不成自己的计划，这简直就像死亡和纳税一样无法避免。

打乱我们计划的，并不只是环境和意外，还有我们对过往经验的忽视。我们制订的计划与行为截然相反。我们体内的计划人总想设定一个截止期限，却忘了目光短浅、从未想过截止期限的行动人也是自己。**计划人相信这次不一样，而行动人一如既往地拖延。**

即使在条件非常完美时，计划人和行动人之间的巨大反差也依然存在。

2014年春天，我在纽约四季餐厅宴请十七名客户。第二天，我们要开一整天会，分享各自的目标。这场晚宴就是让他们在会前相互认识一下。晚宴开场时，我说："我希望在座的每一个人都要保证今晚不打断他人说话，不对他人做任何评论。每人每次违反要求，就要当场缴纳罚款20美元。"我让大家举手表决，十七个人全部举手表示同意，承诺遵守规则。为了加强刺激效果，我还预言，他们都会破坏自己的承诺。

果不其然。才过了十分钟，我就收了400美元罚款，一张张20美元的钞票堆在桌子中间。这些钱将会捐给大自然保护协会，该协会的理事长也在场。一个小时之后，罚款就翻番了。其间，一名刚刚退休的CEO起身离座，去ATM机取钱，他身上的现金被罚光了，前不久他还在执掌全球最大的公司之一。在座的客人有一半人都是白手起家的亿万富翁，另一半人的名片上也都印有"总裁"或者"CEO"之类的头衔。这里没有散漫、懒惰的人，他们都是非常优秀的管理者。此外，他们还拥有遵守自己承诺所需的工具：

◎ 我给他们制订了计划。
◎ 他们承诺要遵守规则。
◎ 他们只需要在餐桌上坚持三个小时。对坚持自律的人来说，这是一个相当短的时间。
◎ 这里还有金钱惩罚，这会激励良好行为。
◎ 我曾警告他们，他们很可能会失败，强化了他们对这个计划的警觉。我希望刺激这群精英人物证明我是错的。
◎ 我要求的任务没有超出他们的能力范围。需要他们做的，不过是避免发表负面评论而已，也就是闭嘴。

但还是有十六名客人不得不掏出钱包，一次次为这件小事缴纳20美元的罚款[1]。他们没能战胜环境。他们体内的行动人在容易失言的宴会气氛中表现不佳,没能坚守各自计划人几分钟前做出的承诺。

拳击手迈克·泰森曾说:"每个人都有计划,直到他们脸上挨了一拳。"在我们的生活中,环境会不断攻击我们。

---

[1] 唯一的例外是伦尼。我后来得知,他在举手表决后就在小卡片上写了一句"不要插嘴,不要评论",并把卡片塞在了玻璃杯下边,随时都能看到。

07

预测你所在的环境

住在圣地亚哥，我总能辨别出爱好航海、冲浪或高尔夫球的邻居。他们每小时都会掏出手机查看最新的天气预报。这样做是有道理的。圣地亚哥的天气差不多是全球最可靠的，但有时候并不是，所以我的邻居们利用一切工具，来判断太平洋上是否有海风，海浪大不大，能不能打高尔夫球。他们不但留心环境，还找到了自己的方式来预测它。

很少有人能像狂热的水手、冲浪者、高尔夫球友一样，理所当然地坚持天天预测环境。我们如果能做到这一点，就不会如此频繁地被环境所蒙蔽。

确认了环境对我们的强大影响之后，预测就是我们必须做的。它包括三个相互联系的步骤：预判和准备（anticipation）、回避（avoidance）、调整（adjustment）。

1. 预判和准备：看似友好的环境最值得警惕

　　成功的人不会对他们所处的环境一无所知。在生活中的重要时刻，当一件事的结果至关重要、不允许出现失败时，我们都会提前预测一切可能发生的情况，做好完全的准备。

　　当一个广告公司团队走进客户的会议室投标时，他们已经准备好了发言稿，研究过了客户的喜好，针对任何可能的推迟，都事先演练了明智的回答。他们能想象到大功告成之后房间里洋溢的积极情绪，所以会尽力设计好他们的标书来赢得成功。

　　检察官也是如此，从来不提问自己不知道答案的问题。他们对目击证人的所有提问都是有准备的。

　　一名主持有关争议问题会议的小镇官员也是如此。这名官员会预测到，某些人会带着怒气发表评论，双方交换意见时可能会煽风点火，甚至出现人身攻击。在白热化的环境中，她提醒自己要保持冷静、公正。她或许会准备一些缓和气氛的话，甚至会请一名警察到现场维护秩序。

　　类似的，一个年轻人在向女友求婚之前也是如此。如果他遵从传统风俗的话，这是一件需要周到预备的事情，从场地环境的选择，到提出请求时机的选择，都是为了引出心上人的甜蜜答案。在他们的婚礼上，新娘往往会期待更多。

　　当我们的表现能马上带来清晰结果时，我们就会挺身而出。这时候，我们会创造环境，而不是让环境影响我们。

　　问题在于，生活中**我们的大部分时间都是微不足道的小时**

刻，这时候我们不会思考环境和自己的行为，因为我们没有把这种情况和任何重要结果联系起来。讽刺的是，这些看似友好的环境，却是最值得我们警惕的。如果我们对环境中可能发生的事有所准备，那什么情况都有可能发生[1]。

有一次，我以为在晚饭时介绍两个客户彼此认识会有好处。埃德加毕业于常青藤名校，是纽约一家自由派智库的主席。他有一半时间都在向富有的捐赠者请求捐赠，拥有娴熟的交际能力。迈克是俄克拉荷马州一家能源公司的领导，热爱社交，略带调皮。我以为他们的不同背景可以促成一次有趣的聚会，他们可以彼此开拓思维，并因此感激我。

我错了。根据我的经验，聪明人首次见面没话题的时候，会聊政治。如果政治派别相同，他们就会愉快地达成一致，批评另一派是多么糟糕。如果分属对立两派，他们就会试图说服对方认错，展开讨论。在餐桌上确实发生了这种情况。埃德加是个疯狂的自由派人士，而迈克作为石油商人，是顽固的保守派。两个人的见面一开始非常顺利，但是在友好交流了有关工作、家庭、度假计划的信息之后，他们没聊体育，直接聊起了时事。这时，似乎有人给他们递上了一份热点问题清单，从边境安全到能源政策，从控枪问题到大麻合法化，从平权法案到政府开支，两个人都徒劳地想改变对方的观点。他们花了30分钟辩论二手烟，虽然

---

[1] 如果你曾对亲人或者同事做出看似无心的草率评论，结果双方争吵升级成了第三次世界大战，或者不可挽回地伤害了双方感情，你就一定会理解我的意思。

两个人都不是这方面的专家,甚至也都不在乎这个问题。这个晚上,两个固执己见的男人极力展示他们求胜的欲望,我则是个痛苦的观众。

这是我的错,不是他们的错。我本应更了解他们才对。我知道他们的政治分歧,却还把他们拉到一张餐桌前坐下来,旁边没有其他任何人做缓冲。事后回想起来,我坚信他们在办公环境下的行为会有所不同,他们热忱而且专业。但是,我犯的大错就是没有预想到他们在餐厅吃饭这个非工作环境中的行为,这两个人都认为自己已经下班了,可以随便放开聊天,反正也不会对业务产生什么影响。如果我能在事先进行预判并做好准备,事情就不会这样。

2. 回避:你无须接受太多挑战

彼得·德鲁克有一句名言:"我见过的领导们有一半人不需要学习怎样做事。他们只需要学习怎样停下来。"

放到我们的环境中,这句话也没错。很多时候,我们面对一个环境的最明智反应就是回避它。

◎ 如果晚上很晚才回家,我们就不会选择经过高犯罪率街区的路线。
◎ 如果已经戒酒了,我们就不会去逛酒吧。

◎ 如果肤色较浅，容易被太阳晒伤，我们就不会去海边玩。

◎ 如果讨厌邻居托德，我们就会礼貌地谢绝他请客的邀请。

一般来说，我们都很善于回避存在风险的环境，或者自己讨厌的环境。

另一方面，我们很少能抗拒一个快乐的环境，我们更有可能继续享受它，而不是放弃或回避它。

部分是因为惯性。停止做一件快乐的事情需要强大的意志力。

但是更多的原因在于**我们误解了环境和诱惑之间的关系。诱惑是在任何快乐环境中都会露面的邪恶朋友，它催促我们放松，尝试一点儿这个或那个，多在这里待一会儿。**诱惑能腐蚀我们的价值观、健康、人际关系和职业生涯。因为我们狂妄地认为自己能够掌控环境，我们选择挑逗诱惑，而不是走为上策。**我们总是想测试自己对诱惑的抵抗力，但失败了就得应付随之而来的打击和苦恼。**

有时候，这种诱惑只不过是多吃一片芝士蛋糕这样的小事。有时候却是重大挑战，比如在明知道我们不能按期交付的时候，急于同意一笔难以抗拒的生意。

在那些事业有成的管理者和领导者身上，我总能看到这种思维。他们喜欢挑战，并把战胜诱惑作为给自己的奖赏。回避诱惑算不上什么成就，那只能证明一个人消极的处世态度，这与他们强烈的进取心严重不符。

抑制这种**总想冲锋**却不考虑**选择性回避**的冲动，是我的主要工作之一[1]。

领导身上最常见的问题，就是在应该表示克制的时候，屈服于权力的诱惑。

我曾有一个名叫斯坦的长期客户，他为我们提供了一个不同寻常的案例。斯坦曾创建过公司并将之出售，也曾执掌过《财富》50强的大公司，70岁退休之后，他为少数几家董事会服务，偶尔提供咨询，还捐出了一半财产，通过一家基金会支持医学研究，圆了自己的夙愿。他让妻子担任基金会领导，让两个成年的女儿给她当助理。

斯坦打电话给我，邀请我到康涅狄格州列席一场家庭会议。会议开始没几分钟，我就发现了问题。斯坦的家庭忽视了他的存在。他朝妻子发号施令，但妻子绵里藏针地回应说："我是你的妻子，基金会的领导。请不要把我和你那些手下混为一谈。"这样来回对话几次之后，斯坦依然没有领会妻子的意思。他转过来对两个女儿下命令，她们一个是律师，一个是医生。她们却回答说："老妈才是我

---

1 我私下里将这种态度称为"戏剧性的错误"，指我们接受了太多挑战，故意给生活添油加醋，好像我们的生活就是一场电影，剧本中的我们总能战胜看似难以克服的困难，所以根本不需要回避它们。这在体育或娱乐活动中是可以的，比如参加铁人三项，但如果我们用这种态度去面对工作和生活的方方面面，就会带来太多不必要的风险。
有时候更有勇气的行为，不是大声说"我必将渡过难关"。高尔夫球手们相信，一场平淡无奇的比赛就是一场伟大的比赛。面对一个四杆洞，你第一杆把球打上球道，第二杆把球打到洞口附近，第三杆打出小鸟球（Birdie），或者用两杆推杆打出标准球，然后走向下一个球梯，继续这样做。连续这样打完18洞，你就将打破个人最佳纪录乃至球场最佳纪录。如果可以选择，高尔夫球手宁愿选择这种简单枯燥的打法，而不愿意每次都打得惊心动魄。

们的领导。"

斯坦这已经不是头一次在家里受挫了。他邀请我来，就是想让我帮忙，让妻子和女儿听他的话。

我告诉斯坦："这是做不到的。"

他说："可是这都是我出的钱。她们不能把我排除在外。"

"你说得没错，"我点头说道，"但这是两码事。你把自己在职场上的CEO地位与在家里的权威混为一谈了。你的家人显然不是这么看待这两者的。你安排她们负责，基金会的事就是她们的职责，你不能破坏这一点。你所能做的就是接受这一点，在公司是你说了算，在家却不是。"

我很快发现，这个问题是"环境性"的。在家里而不是在基金会办公室召开这种会议，会混淆情境：这到底算是工作问题还是家庭问题？这肯定会迷惑斯坦，他在应该做一个更加包容的丈夫和父亲的时候，表现得却像个专横的主管。我知道斯坦向来人缘都很好，到哪里都很擅长理解环境氛围。但是和家人在一起时，受家里的环境诱发，他没有意识到自己的行为违背了自己的最佳利益。

我问他："你在精神上付出多少代价才能脱离这种情况？"

"那基金会是我的主意。"斯坦说，他依然坚持认为自己拥有基金会的"所有权"。

"斯坦，你的家人反对的是你的行为，而不是你这个人，"我说，"除非你改变做法，能让她们接受，不然你们怎么才能变回原来的你们？你最好还是回避基金会的事。"

斯坦踌躇了几分钟，才接受把回避当成一种解决方案。我解释说，这样做，最坏情况是能立即停止家庭纷争；最好情况，他的妻子和女儿以后或许还会来找他咨询。但是只有他置身事外之后，才有可能发生这种情况。

我一般不会把政治家作为榜样，但他们确实是善于回避的大师。不像我那些成就非凡的客户（他们不能预测引发错误的情况，是因为他们既不习惯犯错误，也不愿意承认出错的可能性），政治家时刻都在提防能毁掉自己政治生涯的过失。所以他们针对任何可能诱惑他们出现过失的环境，都制订了完美的应对方案。当他们在新闻发布会上拒绝回答左右为难的问题时，他们是在回避；当他们不和偏激的社会名人出现在同一个房间时，他们是在回避；当他们在有争议的投票中选择弃权时，他们也是在回避。

政治家们能有这种直觉，为什么我们不能有呢？

这是一个简单的等式：**避免做出不想要的行为，我们就要回避最容易出现这些行为的环境**。如果你不想冲一个惹你生气的同事发火，那就避开他；如果你不想半夜吃东西，那就不要到厨房里翻冰箱找剩饭。

3. 调整：当你极度渴望改变时

当然，生活中有很多场合是无法避免的。哪怕是要做我们害怕的事情（比如当众发言）、可能惹我们生气的事情（比如拜访姻亲），或者把我们变成浑蛋的事情（比如和我们看不起的人谈业务），我们也不得不置身其中。

如果我们有幸，调整后得到了预想的结果，但是只有当我们预见到环境的影响，并且排除了回避的选项之后才会如此。调整不会经常发生。我们大多数人会不加抑制地继续我们的错误做法。尽管一次又一次地摔倒在同一个行为陷阱中，我们却依然取得了成功，但是这并非我们成功的原因。只有当我们极度渴望改变，或者有意想不到的洞察力，抑或受到他人（例如朋友或教练）指点时，我们才会进行调整。

我在硅谷遇到的一个名叫莎琪的技术主管就是这样的。莎琪生于印度一个没有任何优势的贫穷村庄。她在父母的鼎力支持下勤奋学习，成为德里著名的印度理工学院为数不多的女生之一。在硅谷工作几年之后，她又从斯坦福大学获得了MBA学位。30岁的时候，她已经是一家顶级软件公司的高管级人物。

莎琪向我讲述了她的返乡之旅。她和七个老朋友共进晚餐。一个朋友问了她一个看似多管闲事的问题："你上礼拜都做了些什么？"

莎琪与大家分享了一周的刺激经历。她飞到巴黎开会，会见了几个业界大佬；她当时正在领导一款新产品的研发；公司CEO前不久告诉她，她已经被纳入公司的高潜力领导项目。她在那里激动地夸夸其谈。

晚饭后，大家纷纷告别，只有莎琪最要好的儿时伙伴兰基尼留了下来。兰基尼没有取得莎琪那样的成功，但也在印度一家大公司里稳步前进。其他来吃饭的人事业成就更小。当莎琪谈到自己多么喜欢这次重逢时，兰基尼打断她说："你觉得大家都想听你谈巴黎、新产品和CEO吗？你什么时候变得这么爱炫耀了？"

莎琪顿时感觉被击垮了，但她还是为自己辩护说："他们问我上周做什么了，所以我就告诉他们了啊。"

那天晚上，莎琪几个小时都无法入睡，最终意识到自己完全误判了当时的场合。她不是在和一群硅谷才俊对话，而是在和一些穷人聊天，这些人和她一起长大，但从未取得像她那样的成就。在她的意识里，她是在分享自己的生活；但是在对方看来，她是在大肆吹嘘。

她责备自己没有预见到这一点，表现得如此麻木不仁。但是她从错误中汲取了教训。她意识到，**一个简单问题诱发的简单回应，在一个环境里是恰当的，在另一个环境里可能就是完全错误的。**

莎琪第二次返乡的时候，当她的朋友问起她的工作时，她说："大部分都是技术活儿。出差很多，出差时比较累。"然后，她展现出强大的魅力，关心朋友们的生活。

莎琪的做法，是每个高度留心身边环境的人都会做的。她在调整自己的行为。

08

设计你的改变之轮

现在，让我们回顾一下到目前为止所学的内容。

我提出一个观点：对成年人来说，改变行为习惯是这个世界上最难的事。我们擅长编造各种理由，竭力逃避改变。我们编造借口，为自己辩解，甚至养成一种自欺欺人的思维方式。最终，我们总是没能成为可怕的自律人。

拒绝改变的最典型案例之一，就是我们故意忽视环境对我们行为的深刻影响。事实上，环境是一台无情的诱发机器，它能一瞬间把我们从圣人变为罪人、从乐观者变为悲观者、从模范市民变成浑蛋，并让我们忘记自己想成为什么样的人。

好消息是，环境并非隐秘的阴谋。它始终是公开的，一直都在向我们提供反馈。但我们常常分心，不去聆听环境告诉我们的信息。只要我们加以注意，那些塑造我们行为的看似隐蔽的诱因就会水落石出。

坏消息是，我们从一个环境转移到另一个环境时，很难保持警惕。环境每时每刻都在发生变化，而我们没有能随心所欲掌控每种环境的能力。我们陷入了困境，每前进一步就会退后两步。

雪上加霜的是，对环境的反应还会分裂为两个相互独立的角色，我称为"计划人"和"行动人"。计划人在清晨醒来时，对这一天有清晰的计划，但随后执行这些计划的不是同一个人。采取预测、回避和调整危险环境等基础方法，是纠正我们体内计划人和行动人之间这种冲突的好开端。但是它们只是应对眼前挑战的权宜之计，并不能永远改变我们的行为。

既然我已经勾勒出了我们面对改变时的脆弱，认为在与环境的战争中，我们是不幸的失败者，你或许会理所当然地发问："**我们什么时候才能得到秘籍，掌握一些有意义的做法呢？**"

不要着急。要解决一个问题，你必须先承认它存在，还必须知道你自己手里都有哪些选择。在改变行为习惯这件事上，我们是有选择的。

下一页的图形工具是我多年以来一直和客户使用的。它说明了我们为了成为自己想成为的人，需要理清的两方面：积极—消极轴，**代表帮助或者阻碍我们的因素**；改变—保持轴，**代表我们想要改变或继续保持的行为**。因此，在追求任何行为习惯改变时，我们都有四个选项：改变或保留积极因素，改变或保留消极因素。

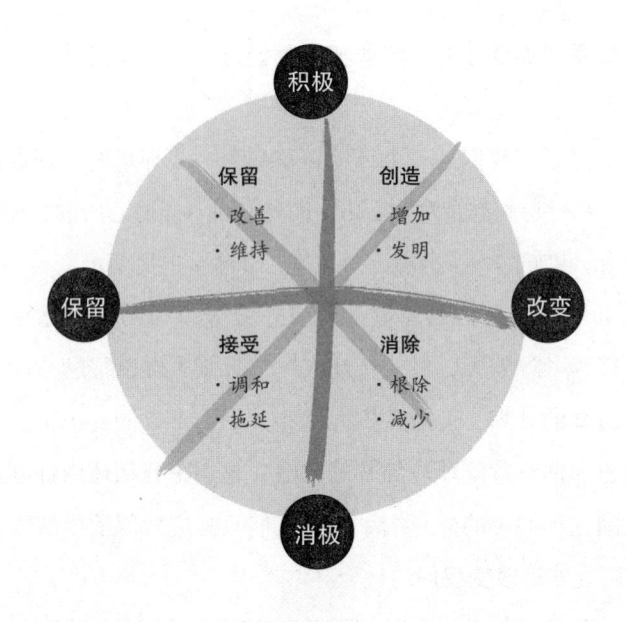

```
        积极
   保留      创造
   ·改善    ·增加
   ·维持    ·发明
保留              改变
   接受     消除
   ·调和    ·根除
   ·拖延    ·减少
        消极
```

改变之轮

◎ 创造代表了我们想要在将来创造的积极因素。
◎ 保留代表了我们想要在将来保持的积极因素。
◎ 消除代表了我们想要在将来消除的消极因素。
◎ 接受代表了我们需要在将来保持的消极因素。

这就是我们的选择。虽然有的选择更有活力、更加迷人、更加有趣，但是它们都是同等重要的。而且其中有三种选择需要付出的努力，比我们想象中更多。

1. 创造：行为习惯改变中最迷人的

创造是改变中最迷人的选择。当我们想象自己变得更好时，会把"创造"看作一个激动人心的过程。我们是在创造一个"新我"。它是如此吸引人、诱惑人：我们可以选择成为任何人。

挑战的困难之处在于我们需要亲自选择然后行动，而不只是作壁上观。我们到底是在创造自己，还是在浪费机会、让外界力量塑造我们呢？

即使是最聪明的人，也不会自然而然地创造出"新我"。我曾和欧洲一家大公司的CEO合作，当时他还有六个月就要强制退休，我问他："你退休后要去做什么？"

"我也不知道。"他回答说[1]。

我又问："如果你知道公司将会在六个月里发生彻底改变，将来会有新的客户、新的定位，你会不会为此做计划？"

"当然，"他说，"如果不这样做，就是不负责任的。"

"那么，你的公司和生活，哪个更重要呢？"

这是一个反问句。我是在提醒他，如果拿掉他管理6万员工的高管身份，他将很容易受到无聊厌烦、定位不准、沮丧抑郁的困扰。我之前见过这样的情况，一些以往的高管没有为自己的退休生活做好准备。他如果不给自己创造新的定位，那就是"不负责

---

[1] 我经常听到这种说法，本应丝毫不会感到惊讶，但是我还是十分吃惊。这是我多次邀请客户到我家讨论"你的余生要做什么"的一个主要原因。他们没有思考过这件事，他们没有进入创造模式。

任的"。

我没有告诉他任何他以前不知道的事情。他已经在职场中稳居高位很多年了,他曾看到很多同事在所谓的退休后陷入了停滞和迷茫,但他从来没有规划过自己的退休生活。结果,他犯了和其他人一样的错误。

只要我们满足于现在的生活,我们就会屈服于惯性,延续着过去的做法。

我们如果不满足,也许会走向另一个极端,醉心于每一个想法,却不能长期坚持追求一个想法,让它落地生根,真正塑造一个全新的自我。有些人不断从一种流行减肥法转向另一种流行减肥法,结果永远也减肥不成功。这是跟风,不是创造。

正如上图所示,从增加到发明都属于创造。对高管来说,增加一种新的行为习惯往往就够了。在我的一对一指导中,从来都不需要帮助哪名高管彻底检查他的性格。成功领导的行为不会方方面面都有问题,那样的话,他们早就被炒鱿鱼了。但是他们常常会在一两个领域出现问题,结果给人们造成了一种错觉,以为他们在其他所有事情上也都这样。

我们总有机会创造更好的行为:怎样接人待物、怎样应对环境、允许什么诱发我们的下一个动作。我们所需要的,只是大胆地想象一个全新的自我。

2. 保留：不断进步

保留听起来消极而平凡，但它确实也是一种选择。它需要全心反省，找出哪些习惯对我们有益，并克制自己不要为了新的、不一定更好的做法抛弃它们。

我们保留得不够多。从定义上来说，成功人士做了很多正确的事情，所以他们有很多值得保留的习惯。但是他们总有一种冲动，想要持续地进步，他们更习惯去改变现状，而不是维持现状。当他们要选择是**维持良好的现状还是变得更好时**，他们会本能地选择后者，于是可能失去那些值得保留的习惯。

通过隐秘的方式，保留可以改变一切。我的朋友（也是我心中的英雄之一）弗朗西斯·赫赛尔本曾被《财富》杂志称为"美国最佳非营利组织经理"，自从1976年担任美国女童军组织的CEO以后，她的任务就是转变这个会员数量不断减少的保守组织。在这个组织中，平均每名拿工资的员工需要120名志愿者的支持，人们认为它的精神已经过时了，不再适合年轻女孩了。在这种情况下，推倒一切彻底重来的冲动是可以理解的，但是弗朗西斯早年时曾在宾夕法尼亚家乡的女童军17连担任志愿者，她知道这个组织有很多值得保留的优点，这不仅包括它上门推销饼干的暗号，更包括它作为年轻女性道德指南的社会认同。她告诉员工和志愿者们，鉴于现在的新威胁，主动联系女孩们比以往任何时候都更加重要。她把自己这种糅合传统与改革的激进组合称为"传统与未来"。在她担任CEO的那些年里，该组织的会员数量翻了两番，会员的多元化程度是之前的三倍。

曾有一名政治家告诉我："我所做出的最吃力不讨好的决定，是一些防微杜渐的举动，因为我永远也无法证明我是否阻止了某些更糟糕的事情发生。"保留也是这样。我们很难因为没有搞砸某件事赢得信任和嘉奖。只有事后分析，才能看出这种战术的高明之处，而且只有当事人才能看出来。

我们很少问自己："我的生活中有什么习惯值得保留？"这个问题的答案可以节省我们大量时间和精力。毕竟，**保留一种宝贵的习惯，就意味着我们可以少做一些错误的改变。**

3. 消除：给创造腾出空间

消除是我们最释放自由、最具疗效的行动，但是我们不愿意这样做。就像打扫阁楼或车库一样，我们永远不知道扔掉某些东西以后自己会不会悔恨，或许是因为将来用得着它，或许是因为它是我们成功的秘密，或许是因为我们太喜欢它。

在我的职业生涯中，最重要的一次转折就是一个消除：我辞掉了不理想的工作。

我当时已经快40岁了，工作做得也不错，在全国飞来飞去，给各大公司讲授同样的组织行为学课程。继续保留这种状态我有利可图，但是我的导师保罗·赫塞指出了它的另一面，启发了我。

"你很擅长现在的工作，"赫塞博士对我说，"你把自己的时间卖给那些公司，赚了太多钱。"

当有人告诉我"我很擅长"时，我会侧耳倾听，也会享受这种褒奖，但是赫塞没有给我这种感觉。

"你没有为自己的未来投资，"他说，"你没有研究，没有写作，没有找到新东西来讲。你可以继续这样做很长时间。但是这样的话，你永远也没法进步。"因为某些原因，他的最后一句话诱发了我强烈的情绪反应。我非常尊敬保罗，我知道他说得对。用彼得·克鲁克的话来说，我是"牺牲明天换今天"。我可以看到我的未来，那里有一些漆黑的空洞。我终日忙碌，无暇维持一份惬意的生活。从某种角度来说，我变得无聊苦闷、厌倦生活，但是在这场人生游戏中，我要想弥补这份缺憾或许已经太晚。除非我消除一些忙碌的工作，否则我永远无法给自己创造一些新东西。

尽管收入立即就减少了，但是在那段时间我不再终日劳碌，决心走出一条不一样的新路来。我对保罗的建议一直感激不已。

我们都曾消除过那些伤害我们的东西，在有快速、明确的益处时尤其如此。我们会摆脱一个伤害我们的不靠谱儿的朋友；我们会停止饮用咖啡，因为它让我们心情烦躁；我们会辞掉一份极其单调、破坏生活的工作；我们会抛弃可能致命的不良习惯。只有当后果极度危险时，我们才会大刀阔斧地消除。

真正的考验在于，我们需要消除一些自己喜欢做的事情。那些事情表面上不会伤害我们的职业生涯，我们甚至可能会相信它们是有利于我们的。在这些情况下，我们或许会问自己："我应该消除什么？"然后发现根本找不到答案。

4. 接受：当你缺乏改变的能量时

在管理一个组织时，CEO们往往能非常清晰地看到改变之轮中四分之三的因素。如果他们做不到这一点，这CEO就做不长了。创造是革新、冒险和尝试，在公司里打造新的利润中心；保留是不要丧失对核心业务的关注；消除是关闭或出售不合适的业务。

接受是行为改变中一项珍惜的选择。成功人士不愿意接受任何失败，总把"接受"等同于"妥协"。我曾列席一名CEO与其部门主管的预算会议。那是一家能源公司，它受变幻莫测的政治和社会潮流影响很大。五年以来，社会潮流都不利于该公司的多项业务。这些部门的营收增长陷入困境，导致预算削减，结果进一步恶化了营收，这种策略永远都不会有好结果，他们的整体盈利目标也受到了冲击。连续这样衰退到第六年，这些部门主管再次做出了乐观的规划，认为他们能够通过削减更多开支来维持盈利。最终，这名CEO再也受不了了。他轻蔑地把那些报告甩到会议桌中间，说："散会。下周再开会时，我希望你们每个人拿出一个新计划，记住，如果谁的业务再没有好转，那就让它永远消失。我希望你们的新计划能够顾及当前的形势。"

会议室里的每一个人看到的都是同样的数据。但是只有这名CEO冷静清晰地阅读它们，并接受了它们。

在商界我们有很多指标，比如市场份额、质量评分、客户反馈等，它们都有助于我们接受可怕的形势、接受需要的改变。

但是我们却一厢情愿地相信一定会得到最好结果，而不是从实际出发思考问题。

在人际关系中,这种一厢情愿更加严重。我们不是依靠指标,而是依靠印象来做判断,而印象的口径太宽泛了。我们只接受自己想听的好消息,却屏蔽我们需要听的坏消息。如果领导对我们的表现做出六条尖锐评价,其中一条是正面的,五条是负面的,我们的耳朵会自动赋予那条正面评价更高的重视程度。接受好消息总比接受坏消息容易。

有些人甚至连恭维也接受不了。你是否有过这样的经历,你说一个朋友的衣服很漂亮,他却一句话顶回来:"是吗?我都好几年没穿过这衣服了。"这时候,他正确的回答应该是"谢谢",这样才不会冒犯你的评价和善意。

当我们无力改变时,接受是最宝贵的。然而,我们的"无力"恰恰是我们最不愿意接受的,在这种时刻,我们非常容易做出一些损害自己利益的事,产生与预期相反的结果。

◎ 如果我们精心设计的逻辑没能说服同事或配偶认可我们的立场,我们就会冲他们大喊大叫,或者威胁他们、贬低他们,好像这样就能从气势上压倒对方,而不是接受现实,认识到通情达理的人也可以有分歧。

◎ 如果我们的配偶因为一些家庭琐事责怪我们,例如没有关冰箱门、接孩子迟到了、忘记买牛奶了,而且我们百分百感到内疚,同时却又回想起了对方过去犯的某个错误。我们扩大了这种无意义的争吵,而不是说"对不起，我做错了"。
◎ 如果我们的上司拒绝了我们的提议，我们会向下属们抱怨说我们的领导是多么鼠目寸光。

如果认真反思这些事，我敢打赌，我们这种不肯接受的态度所诱发的行为，绝对比我们的创造、保留和消除加起来的结果还要坏。

设计你的改变之轮

我在与合作团队共同致力于行为习惯改变时，改变之轮是我首先运用的练习之一。一支有4名、6名甚至12名主管的团队，有太多不同的声音，把人们的思维聚焦在一个简单的概念上减少争论至关重要。问他们"我们需要消除什么"比"哪里出问题了""你不喜欢同事们的哪些方面"更容易令人接受。前者是要求人们想象这种消除行为带来的积极效果，后者却会诱发牢骚抱怨。

当我的客户艾丽西亚被提升为一家拥有八种不同业务、超过十万名员工的投资公司的人力资源部门主管时，上级明确要求她要设法提高该部门在公司的地位。在很多公司里，人力资源部门只有单纯的管理职责，很少影响公司的发展方向和战略。但艾丽西亚的公司不尽然。该公司的CEO知道，公司有这么多员工，他的人力资源部主管做出的决定，既可能强化组织，也可能破坏组织。这名

CEO告诉艾丽西亚，他在决策圈给她准备了"一席之地"，她的工作是和销售主管或运营主管同等重要的，希望她不要浪费这个机会。

在艾丽西亚及其团队围绕这"一席之地"设计他们的新战略时，我和他们在一起整整待了两天。艾丽西亚使用改变之轮作为模板，告诉整个团队，他们只需要做4种决定：选择一件事去创造、保留、消除或接受。以下就是他们的讨论结果。

创造：为了确保公司有更聪明的员工队伍，特别是在他们的高科技投资组合业务中，该团队聚焦于提高招聘标准。新战略的中心，是从著名企业和顶级大学中招聘更多人才。

保留：该团队花了将近一整天时间讨论这个。对于这个很难回答的问题，每个人都有不同的答案。"什么是值得保留的？"他们最终落脚于公司文化。该部门向来有团结和谐的氛围，每个人之间都可以畅所欲言，几乎没有任何明争暗斗。不用特意要求，大家就会积极工作。他们说"我们不论做什么，都不要丧失这种感觉"，这个时刻是感人的。在该团队做出这个选择之前，我并没有想到他们如此看重自己创造的这种独特的和谐环境。

消除：这是艾丽西亚的建议。如果我们要花更多时间促进公司发展、赶赴各所大学和招聘会，那就意味着我们领导团队办公的时间会变少。她告诉大家："我们如果继续忙于日常管理，就无法承担更多战略任务。"他们同意把更多"旧工作"授权给下属。他们甚至制定了具体的量化目标：每个团队成员花在文书工作上的时间要减少30%。

接受：改善公司的员工队伍不可能一蹴而就，甚至一两年时间都不够。他们要打一场持久战。而且即使他们做得很好,也不敢保证他们能得到满意的效果。业务管理人员会把所有成绩都归为他们自己的功劳。他们最终理智地接受了这些:花多长时间来改变、由谁享受最后胜利的光环。

这就是改变之轮的简洁美丽。我们如果坦率指出自己能够改变什么、不能改变什么、应当舍弃什么、应当保持什么,大胆挑战自我,就往往会为其答案的大胆简洁而感到惊讶。

对个人来说,改变之轮也同样有用。哪怕是在一个黑暗安静的房间里独处,专心致志地思考未来,我们依然会因自己头脑里嘟嘟囔囔或者大喊大叫的杂音而分心。思考更远大的问题时,我们希望能排除杂音、忽略琐事和日常杂事的干扰。但只要它们是真实存在的,就没有什么对错可分。我想起一个名叫史蒂夫的客户,他是曼哈顿的一名财务主管,但是住在哈德孙河另一侧的新泽西州,他这样回答改变之轮中的问题:

◎ 创造:更短的上下班通勤路程。
◎ 保留:美好的家庭生活。
◎ 消除:我当前的通勤路线。
◎ 接受:以后难以继续提高我打高尔夫球的水平。

通勤、家庭还是高尔夫?我以前从未听说过这样的组合。我开始误以为史蒂夫太草率了(尽管他确实面临通勤问题)。但是随着我们讨论的深入,这个答案显现出了它的严密性和完整性。

确实，史蒂夫痛恨每天花3个小时从新泽西郊区的家到曼哈顿市中心的办公室上班。它吞噬了他那么多时间，本可以多陪陪妻子和3个孩子的。热爱高尔夫球是他选择住在郊区的一个原因，那里有球场。但是他的答案揭示了通勤、家庭和高尔夫球之间优先级的此消彼长，这三者之间的关系比我最初想象中要紧密得多。

承认高尔夫球在他的生活中没那么重要，并且接受这一点，意味着他没理由继续住在郊区。他可以轻松搬回曼哈顿，在那里他可以走路上下班，从而大大减少通勤时间，从而增加他与家人相处的时间。所以他卖掉了新泽西的大房子，搬到了一个离办公室只有10分钟路程的地方，大多数时间都能按时下班回家吃晚饭。在工作中，他依然有需要解决的问题，但是他生活中最头疼的问题已经解决了。

当我们扪心自问，自己需要创造、保留、消除、接受哪些事物时，美好的事情就会发生。但是我怀疑很少有人真正这样做过。发现什么真正重要是一份礼物，而不是负担，坦然接受它、认识它吧。

在检查我们为什么没有成为理想的自己时，我意识到，我浏览了一份消极选项清单，是它让我们思想僵化、抗拒任何改变的机会。没错，当我们谈到我们为什么没有做成某事时，消极因素是避不开的。

但是我们还有希望。纳迪姆通过改变他在公共场合的行为，化解了一个假想敌；伦尼通过随身携带一张小卡片，变成了更好的经理人；斯坦通过回避家庭会议，减少了家庭纠纷。

这些行为习惯的改变，不是一夜之间突然发生的。纳迪姆花了

18个月，才得到同事们的认可；伦尼现在开会时，依然要带张卡片提醒自己；斯坦抱怨了好几个月"他自己"的基金会不让他插手，最后才终于安然接受家里的新局面。

诚然，他们都有我这个外部力量的帮助，来指出环境对他们行为习惯的不良影响。但是这种解释我们行为方式原因的洞察力，也只能帮我们这么多了。它描述的主要是我们的过去，而不是前方的道路。

改变是一个过程，它需要警惕和勤奋的自我监督。它需要一种不达目标誓不罢休的精神，我们一开可能会认为这种精神过于简单、有失尊严，甚至有失身份。最重要的是，这个过程唤醒了我们从小就有，却在长大享受成功、害怕失败的过程中逐渐丢掉的本能：积极的尝试。

2

Try
积极的尝试

09

积极提问的力量

在我的教练生涯中，我只有几个"绝招儿"。

道歉：只有最铁石心肠的人才不肯原谅承认错误的人。道歉是改变行为的开始。

求助：很少有人会拒绝你真诚的求助。求助能维持改变的过程，让它继续前进。

乐观：不仅在内心感受快乐，还要把快乐表现出来。乐观的人相信世上无难事，人们自然而然地被自信的人吸引，希望接受他的领导。人们会加班加点，帮助这个人成功。乐观让改变的过程成为自我实现的预言。

这些绝招儿的神奇之处在于，它们能有效激发他人恰当的行为，而且很容易做到。

本章介绍了第四种绝招儿：**提出积极问题**（Active Questions）。和道歉或求助一样，它做起来也很容易。但它是另一种不同的诱发机制，其目标是改变我们自己的行为，而不是他人的行为。不过这丝毫不会减弱它的绝招儿效果。自我问答（Self-questioning）的做法虽然很简单、很容易被误解，也很少有人这样做，但它能改变一切。

积极提问的力量

我从我的女儿凯莉·古德史密斯博士身上学到了积极提问，她是耶鲁大学的行为营销学博士，现在任教于美国西北大学凯洛格商学院。

凯莉曾和我讨论过我研究领域中一个永恒的难解之谜，那就是为什么美国公司为了增强员工投入度（Engagement）而斥资百亿的培训项目却总是效果不好。

我女儿耐心地指出，问题在于尽管这些公司在培训项目上投资不菲，但是他们的最终做法只会扼杀投入度而不是提升投入度。从公司提问有关员工投入度的那一刻就开始这样了。几乎所有组织调查该问题的标准做法，都是凯莉所说的消极问题，这些问题描述的是一种静止状态。例如"你有明确的目标吗"，这就是一个消极问题。它消极，是因为它会让人想起自己曾经遭遇了什么，而不是正在为自己做什么。

被问到消极问题的时候,人们的回答难免会受到环境影响。因此,如果你问一名员工"你有明确的目标吗",他若回答说"没有",他可能会把原因归咎于一些外界因素,比如"我的经理都没下决心"或者"公司战略每个月都在变"。员工很少会反省自己,主动承担责任说这是他的错。人们总会从其他地方找借口。"你有明确的目标吗"这个消极问题,引发了消极解释。

凯莉说,这样提问的结果是,当公司继续采取下一个步骤,征询应该如何改变的积极建议时,员工们的回答再次集中到了外界环境而非个人身上。典型的回答就是"需要培训经理们怎样制定目标"或者"我们的主管需要更高效地与我们沟通愿景"。公司的初衷是要问"我们现在哪里做得不好",而员工们列出来的是公司曾经犯过的错误清单。

消极问题也不是天生就是罪恶或者不好的,它们也是非常有用的工具,可以帮助公司了解他们需要做出哪些改进。但是另一方面,它们会引发非常消极的效果。如果只问消极问题,会非常不利于强化人们的责任感,让人们主动承担责任。它们会给人一种感觉:可以把责任推卸给自己以外的任何人、任何事。

积极问题是消极问题的替代品。"你有明确的目标吗"和"你尽最大努力为自己设定明确目标了吗"是有区别的。前者试图判定员工的思维状态,后者则是向员工发出挑战,让他们描述或辩解自己的一系列行为。凯莉指出,人们提的问题大多都是消极问题,而非积极问题。

员工投入度

在没有接受过培训的人眼里，我俩不过是一对热衷于组织行为学奥妙的父女，在咬文嚼字钻牛角尖。

但这对我来说是一个转折时刻。我们在讨论员工投入度，这是人力资源领域中的一个重要概念，我有很多客户都是从事这一领域的。

在管理循环中，对员工来说，投入是一种神秘的理想状态，它相当于运动员们"手感火热"，或者艺术家"才思泉涌"。对人力资源专家来说，员工投入度可不像迪士尼《白雪公主和七个小矮人》动画片中"吹着口哨愉快工作"那样简单，但是两者相差不远。

不过，和"充分就业"（Full Employment）或世界和平一样，员工投入度也难以捉摸，容易误解。我花了七年时间思考并与专家讨论这个问题，但我对这个概念的理解也是一波三折。为什么全身心投入工作的思想很难灌输给某些人，却很容易教给另外一些人呢？

我应邀在一个人力资源主管会议上作有关培训的发言时，感到了一丝困惑。当时坐在我面前听讲的人，是来自三家顶级公司的人力资源主管，这说明员工投入度是一个组织成功与否的重要变量。随后，其中一个人讲述了投入度的关键驱动力，其中包括一些非常值得实现的愿景，例如：

◎ 提供公平的工资和福利。

◎ 提供适当的工具和资源。

◎ 创建学习型环境，鼓励开放式交流。

◎ 进行富有多样性、挑战性的工作安排。
◎ 培养善于授权、能够熏陶下属、为下属提供认可和实时反馈、帮助下属建立人脉的领导。

这些做法都是有意义的。谁敢说那些愿为公司"多走一英里"的诚信员工不比那些马大哈的散漫员工更有效率呢？又有谁敢说少发工资、拒绝提供恰当工具能**提升**员工投入度呢？

然后，那些人力资源主管指出，员工的投入度几乎总是比较低的！盖洛普公司在2011年的一项研究结果也差不多，它表明71%的美国人说他们在工作中"散漫"或者"非常散漫"，他们解释不了这种脱节和培训投资的低回报率。

当时我还把这当新闻。公司投入巨资组织培训，员工投入度却没有得到任何提升。

但是这根本就算不上什么新闻。几乎每次在飞机上找座位的时候，我都能看到这方面的证据。在一个三小时的航班上，一些空乘人员表现得积极、勤奋、欢快、热情，他们是员工投入度的典范。但其他空乘人员表现得消极、懒惰、懈怠、痛苦，他们"非常散漫"。

为什么会有这样的差异呢？两种空乘人员的工作环境都是一样的：同样的飞机、同样的乘客、同样的工资、同样的工作时间，甚至连接受的培训也是一样的，但他们表现出了巨大的投入度差异。

我开始在航空公司柜台和俱乐部休息室进行我自己的投入度测验。我在美国航空公司有1100万英里的累计航程，这使我成为该公司最忠诚的客户之一，每当服务人员请我出示常旅客卡时，我都会留意他们的反应。这张卡片外观并不特殊（不像乔治·克鲁尼在电影《在云端》中积满1000万英里后收到的光滑的黑色亚光卡），所以我不敢保证，只要问服务人员"你之前见过这种卡吗"，就一定能引起他们的注意。从理论上来说，一个全身心投入工作的航空公司员工看到我这惊人的里程数，一定会给予特殊照顾，因为我在该公司有大量消费。但是鉴于我在飞机上体验到的空乘服务，我对他们的地面工作人员也没有抱太高期望。

根据我的经验，全身心投入工作的员工在工作中非常积极主动。他们不仅对自己正在做的事情感觉良好，而且也不介意把自己的热情展示给全世界。根据积极和消极、主动和被动的特点，我跟踪了服务人员对我1100万英里常旅客卡的反应，并区分出了以下4种投入度水平：

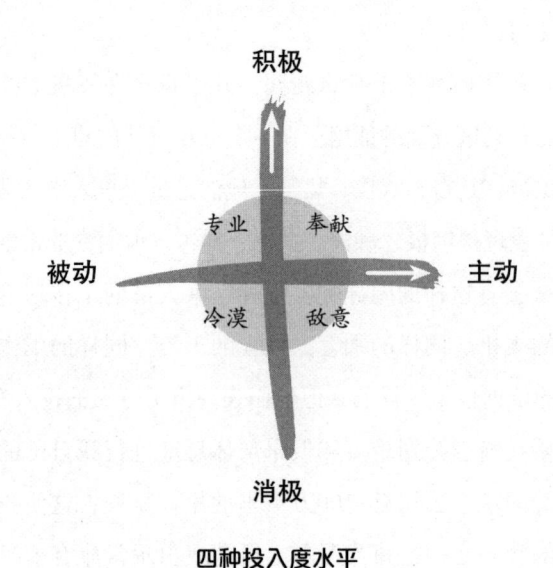

积极

专业　奉献

被动　　　　　　　　　　主动

冷漠　敌意

消极

四种投入度水平

奉献：主动而积极的员工会非常认真地端详这张卡，好像他们之前从来没有见过这样的卡，并说一些类似这样的话："嘿，太酷了！"有的还会叫另外一名员工来专门为我服务。他们感激我对该公司的忠诚支持，并用实际行动来表达。尽管我和他们只是在旅途中匆匆邂逅，以后可能再也不会相遇，连业务来往都算不上，更称不上什么人际关系，但是这些员工让我感觉很好。这就是高投入度的表现。

专业：被动而积极的反应，达拉斯机场柜台的那名女乘务员是这一类人的典型，她会带着生硬机械的微笑说："先生，感谢您对本公司的支持。"这也不错。如果每个人都扮演好自己的角色，大家也可以过得很好。她按规定做动作，不会对客户造成任何伤害。她的表现是专业的。

冷漠：我遇到的最常见反应是被动而消极的语调，"先生，这卡不错"或者"这卡很有魅力"。这些员工已经厌倦了工作，对客户也没什么新鲜感，他们表现出一种消极抵抗的态度，表面上他们很投入正在从事的工作，实际上却从言语中透露出满不在乎的感觉。

敌意：投入度最差的是主动而消极类型，这种人憎恨他们的工作，也憎恨我这样的客户，并想让我知道这一点。他们心情最好的时候，也不过是把我当成一件值得同情的物品。心情差的时候，他们甚至会拿我撒气，比如拿着我的常旅客卡说："我最烦你们这种人了，总是飞来飞去的，还指望攒里程积分赚航空公司的啊！"他们拉长"里程积分"的音调，显得阴阳怪气。一般情况下，每当我听到"你们这种人"的时候，就知道后边没好话，他们的表现也从来没让我猜错过。

每当在服务行业中遇到"敌意"或"冷漠"的人时，我脑子里就会浮现出两个问题。第一，是什么样的天才聘请这样的人做这种接待客户的工作呢？第二，是经历了怎样悲惨的遭遇，火气才会这么大？

回答第一个问题，是我职业生涯的核心工作。在那次会议之后，我特意叮嘱这些公司在对员工进行培训之后，要重视继续跟进。这是我的招牌主题之一：**不跟进，人们就不会变得更好。所以，让我们更好地跟进员工成长。**

女儿让我意识到，我还是太关注公司了。事实上，我想知道是谁聘用了这些人，是谁把他们安排到了服务客户的一线岗位。这是个好兆头，说明我还记着雇主，而不是把打造敬业员工的责任都推给员工。通过强调更好地跟进，我只是增加了公司的负担，要求他们更翔实地记录员工们的失误。

我传递给他们的信息并没有错，但是我忽略了问题的另一面：员工对其行为的责任感。差异不在于公司做了哪些事来提升空乘人员的投入度，而在于空乘人员做了哪些事来提升自己的投入度！

这对我来说是一大突破，我开始和凯莉一起开展一项对照研究，测验积极问题在员工培训中的作用。其理论基础在于，使用不同的措辞，效果也会有明显的区分，因为积极问题能让受访者更专注于他们能做些什么来改变世界，而不是这个世界能给他们提供什么帮助。美国前总统肯尼迪肯定懂这一点，他有一句呼吁人们行动起来的传世名言："不要问祖国能为你做什么，要问你能为祖国做什么。"

第一次研究，我们使用了三个不同的组别。第一组是对照组，不进行任何培训，只是在其他组培训前后对他们提出有关快乐、意义、构建积极的人际关系以及投入度的问题。

第二组接受了两小时有关"投入工作和家庭"的培训，之后连续十天每天跟进以下消极问题：

◎ 你今天快乐吗？
◎ 你今天过得有意义吗？
◎ 你今天与他人的人际关系怎么样？
◎ 你今天对工作和生活的投入度如何？

第三组接受了两小时同样的培训，之后连续十天每天跟进以下积极问题：

◎ 你今天是否尽最大努力追求快乐了？
◎ 你今天是否尽最大努力寻求人生意义了？
◎ 你今天是否尽最大努力构建良好人际关系了？
◎ 你今天是否尽最大努力全身心投入工作和生活了？

两周时间结束时，让这三组人分别对自己的快乐、意义、人际关系和投入度的改善情况打分。

结果惊人地一致。对照组变化不大，就像对照组惯常做的那样。消极问题组四方面都有积极的改善,积极问题组每方面的改善都翻了一倍!积极问题给受训员工带来的改善是消极问题的两倍!尽管两种跟进方式都比不跟进效果好,但对跟进问题的措辞稍作优化,专注个人能控制的事情,就有很大不同。

10

积极问题让你尝试改变

单靠一项研究回答不了我们所有的问题。相反，它只会让我们更渴望更多答案。我们又发起了第二项研究，这次的研究对象是参加我领导力讲座的人，人们连着十天回答6个积极问题。我根据自己的经验和其他文献中能让员工感到投入的因素，"逆向设计"了这些问题。以下是我提出的6个积极问题，以及选择它们的原因。

1. 我今天是否尽最大努力去设定明确目标了

有明确目标的员工比没有明确目标的员工投入度更高。不必惊讶。如果你没有明确的目标，不妨扪心自问："我是否全身心投入了？"接下来的问题就是："全身心投入做什么呢？"这道理适用于大型组织，也同样适用于个人。没有明确的目标，就没有投入。在2008年金融危机以后，我和一家银行的高管合作，该银行在三年时间里走马灯般换了三任CEO，一时间失去了方向，这直接体现在高管们惨不忍睹的投入度分数上。他们得分最低的问题是："我有明确的目标吗？"把这个问题调整为积极的形式，立即就产生了不同的效果。这些主管不再消极等待别人安排任务，而是自己每天设定目标。从此以后，这些因为领导无能而士气低落的高管，投入度出现了大幅提升。

2. 我今天是否尽最大努力去实现我的目标了

特瑞莎·阿玛贝尔博士在她严谨的研究和《进步原理》一书中，表示有"不断进步"感觉的员工比没有这种感觉的人更加投入。我们不仅需要特定的目标，还需要看到我们在不断接近而不是远离目标。任何退步都是令人沮丧泄气的。想象一下，如果你选择了一个目标，结果却没有做好它，反而越来越差，这时你会有什么样的感觉？你的投入度会有何变化？进步可以让我们取得的所有成绩都更有意义。

3. 我今天是否尽最大努力寻求人生意义了

到了我们这把年纪，我觉得已经没必要再去争辩寻求意义和目标能否改善生活了。在此我很推崇维克多·弗兰克尔1946年的名著《活出生命的意义》。弗兰克尔是奥斯维辛集中营的幸存者，他讲述了在最难以想象的逆境中，寻求人生意义的过程是如何保护我们的。寻求人生意义是我们自己的事，不要让公司来为我们代劳。这个问题给我们提出了挑战，不论做什么，都要更有创造性地去寻求人生意义。

4. 我今天是否尽最大努力追求快乐了

人们依然在讨论快乐是不是影响员工投入度的一个因素。我想，这是因为快乐与人生意义是相辅相成的，这两者缺一不可。如果员工汇报说他们很快乐但是他们的工作没有意义，他们就会感到空虚，好像他们只是为了玩乐浪费自己的生命。另一方面，如果员工认为他们的工作很有意义但是不快乐，他们就会有种类似殉道者的感觉，不愿意继续留在这样的环境里。

就像丹尼尔·吉尔伯特在《撞上快乐》一书中指出的一样，我们并不擅长预测什么能让我们快乐。我们认为我们的快乐源泉在"外界"，比如更好的工作、更多的钱、更好的环境，但最后往往发现它在"内心"，当我们不再等待其他人或事物给我们带来快乐，而是自己承担起让自己快乐的责任，就会发现快乐就在我们身边。

5. 我今天是否尽最大努力构建良好人际关系了

盖普洛公司提问员工："你在工作中有好朋友吗？"他们发现这个问题的答案与员工工作投入度直接相关。这个问题调整成积极问题之后，可以提醒我们坚持培养甚至创造良好的人际关系，而不是不停审判我们现有的人际关系。"得到好朋友"的最好方法，就是"做一个好朋友"。

6. 我今天是否尽最大努力全身心投入工作和生活了

这个问题触及投入度的核心：**要想增加我们的投入度，我们必须问自己是否尽了最大努力去全身心投入**。与训练时相比，一名跑步运动员在比赛中更有可能跑出好成绩。类似的，如果一名员工有意识地去尝试更加投入，并严格衡量自己的努力程度，他就会更加投入地工作。

这是一个自然实现的动态过程：衡量我们投入度的做法，能够强化我们坚持投入的承诺，并提醒我们要对自己的投入度负责。在十天的跟进之后，我们问他们："你感觉怎么样？你有进步吗？"迄今为止，我们已经对2537人进行了79次研究，结果非常令人振奋。

◎ 37%的研究对象报告说在所有六方面都有改善。

◎ 65%的研究对象至少在四方面有所改善。

◎ 89%的研究对象至少有一方面有所改善。

◎ 11%的研究对象各方面都没有改变。

◎ 0.4%的研究对象至少有一方面出现了恶化。太意外了！

鉴于人们根本不愿意改变的特点，这项研究表明，积极的自我提问能够诱发我们与世界交流的新方式。积极问题揭示了我们正在尝试什么、放弃什么。通过这种做法，它们让我们认清了自己能够改变什么，让我们摆脱了牺牲感，充满了控制感和责任感。

"每日问答"测验

我在思考"你有没有明确的目标"和"你有没有尽最大努力去设定明确目标"之间的区别时，突然醒悟到，我自己在生活中也同样犯了用消极问题代替积极问题的错误。

多年以来，我坚持每晚进行一次跟进，我称之为"每日问答"（Daily Questions），不论在世界的哪个角落，我都要找个人给我打电话，问我几个特定问题。每天都是如此。很长时间里，我都向自己提出不变的几个问题，大多聚焦于我的身体健康，因为如果没有健康的身体……你明白它的后果。第一个问题总是"我现在快乐吗"这对我很重要，接下来是：

◎ 我今天过得是否有意义？

◎ 我今天体重是多少？

◎ 我今天有没有做有益于丽达的事，或者赞美她？

诸如此类。每晚诚实地回答这些问题，让我得以坚持专注于自己的目标，成为更快乐、更健康的人。十几年来，这成了我一种固定的自我调节方法，没有它，我一年得有180天生活混乱。我不是在吹嘘自己做了这个测验，而是在忏悔自己是多么缺乏自律。

如果当天早些时候我和一名客户到户外边散步边聊天，我会汇报我们散步了多少分钟；如果我晚上熬夜、清晨早起，我会汇报自己短暂的睡眠时间；如果我当天忘记问候丽达了，我对最后一个问题的回答就将是否定的。这通电话最多不会超过两分钟。

从凯莉的那种积极或消极的角度来研究我的问题清单，我意识到其中很多问题设计得不够合理，或者算是消极问题。它们起不到刺激或激励效果，它们诱发不出我的奋发努力，它们只是让我评估自己当天实现目标的情况。如果我看了很久电视，我在回答时也不会谴责自己或者感到羞愧，也不会感到自己的懈怠，或者对自己感到失望。我总以为明天就可以做得更好。如果一天天过去我依然没有进步，我也不会受到任何惩罚。

我参考凯莉的积极问题，对它们进行调整，使之更有意义：

◎ 我今天尽最大努力追求快乐了吗？

◎ 我今天尽最大努力克制自己看电视或者上网了吗？

◎ 我今天尽最大努力避免高脂肪食品了吗？
◎ 我今天尽最大努力做有益于丽达的事，或者赞美她？

忽然之间，**我不再让人问我一天的表现如何，而是问我努力了多少**。这两者之间的区别很有意思，因为按照我之前的做法，如果我不快乐或者忽视了丽达，我总会归咎于一些外界因素。我会告诉自己，我今天不快乐，是因为航空公司的飞机在跑道上滞留了三个小时，航空公司要为我的快乐负责。我今天吃多了，是因为一名客户带我到他最喜欢的烧烤酒吧，那里的菜品种类丰盛、热量高而且美味难以抗拒，也就是说，我的客户或者这家饭店应当为我无法控制食欲负责。

加上"我尽最大努力了吗"的问题，就是加入了**尝试**的因素。它向我的问答过程注入了个人主导权和责任感。使用新问题清单几周以后，我发现了一个意外结果。积极问题不仅会引出答案，它们还使我对那些目标产生了不同程度的投入感。为了准确描述我的努力程度，我不能只是回答"是或否"或者"30分钟"，我必须反复思考回答的措辞。首先，我必须衡量我的努力程度。为了让它有意义，我必须根据一个相对标准来衡量，拿最近几天的努力程度与之前做比较，以便观察我是否越来越积极、是否真的有进步。我选择用10分制给自己打分，10分为满分。如果追求快乐的分数低了，我只会批评我自己。我们或许无法每次都实现目标，但是没有借口不去尝试。任何人都可以尝试。

每日问答

你尽最大努力做这些事了吗：（1-10分）	1	2	3	4	5	6	7	平均分
1. 设定明确目标	10	9	10	10	7	9	4	8.43
2. 在实现目标上有所进展	8	10	10	9	8	9	6	8.57
3. 寻求人生意义	7	9	10	9	9	6	6	8.43
4. 快乐生活	8	10	9	10	9	9	9	9.00
5. 构建良好人际关系	4	9	10	9	10	5	5	8.00
6. 全身心投入工作生活	6	10	10	9	8	9	6	8.29
7. 学习新知识	8	3	2	3	9	3	9	5.29
8. 写作	10	0	0	1	7	2	8	4.00
9. 维护客户关系	10	10	10	10	10	10	10	10
10. 感激你所拥有的一切	10	10	8	10	7	10	9	9.14
11. 避免对别人发火或者发表消极评论	8	10	7	9	10	10	10	9.14
12. 原谅自己的错误	8	10	7	9	10	10	10	9.14
13. 避免在不必要的时候，竭力证明自己是对的	10	4	6	4	10	9	10	7.57
14. 不浪费精力在无法改变的事情上	9	8	6	8	10	9	10	8.57
15. 锻炼	8	10	10	10	10	3	8	8.43
16. 冥想	1	9	10	9	8	8	8	6.14
17. 睡个好觉	10	8	10	10	10	10	10	9.71
18. 吃顿健康餐	10	10	2	4	4	7	3	5.71
19. 做有益于丽达的事，或者赞美她	8	8	8	10	8	5	8	7.86
20. 做有益于布莱恩的事，或者赞美他	8	8	8	8	8	8	0	6.90
21. 做有益于凯莉的事，或者赞美她	5	5	10	8	8	5	0	5.90
22. 做有益于里德的事，或者赞美她	0	0	0	0	5	0	0	0.71

从那以后，我每日问答的题目变换了很多次。只有不断调整改变，这个问题清单才有意义。如果我在某些事上没有进步，我就会增加一些新的问题促使我去改变。以上是我现在每日问答的一周情况示例。

问题的个数可以自行决定。这是你的个人选择，取决于你想改善多少事。我的一些客户每天晚上只反思三四个问题。我的问答清单有22个问题，这是因为我需要很多帮助，还因为我已经坚持这样做很久了。几年来，我一直都在处理一些广义上的人际问题，成功人士刚开始进行这种每日问答时经常会选择反思这些问题，例如在工作中少一点"强迫欲"或"控制欲"，抑制什么时候都想赢的想法，更多与同事合作、更多和家人相处。而我已经"解决"了这些问题，至少在某种程度上，它们不再值得出现在我的每日问答清单上。例如，像坚持做俯卧撑、按时服药、抵制甜点等。

我填写上边样表的那一周，是我典型的出国工作时间。当时我从纽约飞到罗马，然后再到马德里、苏黎世，最后经新加坡飞到雅加达。我在三个欧洲城市都发表了长篇演讲。我在旅途中也遇到过一些麻烦，比如有一个约好的司机始终没有出现，这降低了我不浪费精力在无法改变的事情上的分数。我睡了几晚好觉，也有几晚睡得不那么好，这不可避免地会影响打分。我的减肥计划也受到了挑战，因为在罗马、苏黎世和马德里都有非常诱人的晚餐。我非常享受站在人群前发表演讲的感觉。我在电子邮件和琐事上花费了很多时间，我写作的时间没有达到自己的预期。每晚当我写下这些问题的答案时，所有结果都摆在那里，等着我去反思。我对这一周的反思总结是：对一个65岁的人来说，我这一周的安排有点儿疯狂。**我想继续这样做下去，但是要把节奏稍微放慢一点。我们将会看到，我如果不把这个目标放进每日问答中，可能就会忘记它。**

这里要说的是，你的每日问答应该能够反映你的目标。它们不一定要公布于众，除非你在写一本这方面的书，这意味**设计它们时不必考虑他人的评判**，打造这份问答清单，并不是要给别人看的。它是专属于你的清单，专属于你的生活。你可以用ABCD来给自己的努力程度打分，也可以用1～100分或者0～10分打分，怎样都行。你需要考虑的问题只有一个：我能否坚持这个问答清单？我是否愿意每天晚上来回答它？

积极问题让你尝试改变

积极问题并不是千篇一律的。专业的民意测验专家都知道，向受访对象提问的方式会对民意调查结果产生很大影响。例如：问我是否同意"军事力量是确保和平的最佳手段"，和让我在"军事力量是确保和平的最佳手段"和"外交手段是确保和平的最佳手段"之间做选择，这两种调查方式是有差异的。有外交手段这个选项时，选择军事力量的人要少得多。

正是这种差异把积极问题变成了能对付一切敌人的法宝。使用"你尽最大努力……了吗"的措辞，能够诱发人们去尝试。

尝试不仅能改变我们的行为，还能改变我们对这些行为的理解和反应。尝试不只是对我们的目标清单进行语言上的调整,它还能带来一些意外的情感冲击,激发我们做出改变,或者彻底把我们踢出一场游戏。

想象一下,你想在自己的行为改变清单上列出哪些每日问答。如果你和大多数人一样,这些目标就不外乎几大类:健康、家庭、人际关系、金钱、智慧、自律等。

其中会有一两个有关家庭关系的问题。例如,要对你的伴侣更好一点、对孩子们更耐心一点。几个有关饮食和健康的目标。例如,减少糖的摄入、报名瑜伽班、每天用牙线清洁牙齿。还有一个时间管理目标。例如,在午夜前上床睡觉、每天看电视的时间不超过三小时。

其中会有一些关于工作的行为习惯。例如,请求帮助、拓展你的社交圈、寻找新工作。此外,还有一些更具体的想法。例如,开始写博客、加入一个专业团体、为商业出版物撰写文章。

其中会有一些增长智慧的做法,例如阅读《米德尔马契》、参加一个美术班、学习汉语,还有戒除某种不理想的个人习惯,例如咬手指甲、频繁说"你知道"、在地板上乱扔衣服。

而且,因为我们喜欢明确的短期目标,我们还可以设置一些在不远的将来就能实现的一些具体目标,哪怕是完成一件跑腿的小差事,或者是重新装修好房子这样神清气爽的事情。接下来,把这些目标列在一个表中,这样你就可以每天给它们打分。最好确保你的每个问题都以"我是否尽最大努力……"开头。然后研究这份清单,估测你在接下来30天里做好这些事的可能性。90%的人给自己预测的成功率在平均水平以上，如果你和大多数人一样，你会认为自己多半能够实现所有目标。

任何自我完善的项目开始之初，我们信心都比较高涨，都会认为自己能够实现目标。但是在现实世界中，我们都是超级计划人、差劲行动人，实际情况很少如此。

当我检查培训班成员的每日问答练习时，我用一个非常有把握的预言打击他们说："不出两个星期，你们就会有一半人放弃，不再回答这些每日问答题目。"

然后我解释说，他们不仅会在某些目标上懈怠下来，还有可能不再坚持每天给自己打分，从而放弃整个计划。我说，这就是人性。在每一组里，不是人人都能做到A级，哪怕他们的自我评价都很好。有些人会比其他人更勤奋，这产生了不同层次的努力程度。我对自己的预测很有信心，因为我经常看到这种情况发生。对于我们任何一个人来说，每天对着镜子承认自己没有做到，甚至没有尝试去做那些我们认为生活中最重要的事情，是非常困难的。

哪怕是最热情实践检查清单和每日问答的人，哪怕他们非常拥护这些概念，他们对这种痛苦也不是免疫的。波士顿的外科医生兼作家阿图·葛文德博士在2011年出版过一本《清单革命》，我们曾在电话里讨论我的每日问答，他一下子就被迷住了，表示要把这种问答纳入自己的日常安排中去。

几个月之后，当我检查他的进度时，他讲述了这些问答是如何改变了他的生活。尽管他才40多岁而且身体健康，但他有老婆和两个儿子要养。他没有人寿保险来保护家庭，这让他很苦恼。所以他在自己的每日问答清单上加了一个问题：你买人寿保险了吗？这根本算不上是行为习惯，更像是一件杂事，他只要做了这件事，就可以把它从清单上去掉。但是……

一连过了十四天，他对买人寿保险这个问题的回答依然是"否"。

葛文德博士盯着这一串令人泄气的"否"，感到非常讽刺，他每天都会拯救一些陌生人的生命，却不能完成买人寿保险这么简单的任务来保护自己最爱的人。在这场自己出题的测验里，他失败了。

但是讽刺不会诱发行动。葛文德博士告诉我，"否"的积累诱发了一种紧张情绪。他感觉很尴尬，自己没能完成这么一件既简单又有重大好处的任务。第二天，他去购买了人寿保险。

这就是每日问答的秘密力量。如果我们最终没有达到目标，我们要么放弃提问，要么迫使自己采取行动。我们感到羞愧或尴尬，因为我们写了问题，知道答案，却依然不及格。如果问题的开头是"我是否尽最大努力……"，这种感觉更糟，我们必须承认，我们甚至没有去尝试做我们知道应该做的事。

11

每日问答能创造让改变发生的环境

对艾米丽来说,诱因是全食超市的员工折扣日。这一天,超市所有商品都对员工打六折,连生鲜蔬菜也打折。艾米丽刚刚从美国烹饪学院毕业,在这家连锁超市位于波士顿以北几英里的查尔斯镇分店找到了第一份工作。

艾米丽今年26岁。她长期以来都超重。她以前吃得不好,也不怎么关心这些,投入烹饪事业以后,问题变得更严重。她总是在做菜、品菜、思考食物。超重问题越来越严重,她至少比理想体重要重45公斤。

但是她想,谁能抵挡六折优惠的诱惑呢?在逛超市的时候,她考虑买一些蔬菜:花菜、胡椒、西兰花、西红柿、洋蓟。她可以准备一些健康食品,对自己的饮食习惯和体重稍作调整,或许应该开始一次减肥。尽管她已经数不清自己曾经减肥失败多少次了。

超市新开的闪亮果汁吧也吸引了她,嘈杂的机器周围堆了一大堆胡萝卜、甘蓝、芹菜、黄瓜和苹果,忙碌的同事在不停地榨出果蔬汁饮料。这是这家超市人气最旺的一块地方。她有一些朋友通过为期一周的果蔬汁断食(Juice Fast)和所谓的排毒,实现了快速减肥。或许她可以从果汁吧经理那里学到更多。不论怎样,她买了一大堆蔬菜。

这名刺满文身、疯狂热爱果蔬汁的经理回答了艾米丽的问题,然后给她提供了一些参考意见。"如果你买这些蔬菜,"他说,"我将免费送你一台榨汁机。"当天晚上,艾米丽拖着购物袋满载而归,里面有一台镀铬欧米茄牌榨汁机,还有一张名为《脂肪、疾病和濒临死亡》的果汁减肥纪录片。

然后她做了一些明智而且不寻常的事情。她向朋友和家人们发送电子邮件,宣布自己要启动一项为期60天的果汁减肥项目,并请求他们予以帮助。

就这样,有人把我推荐给了艾米丽。她伯伯马克长期担任我的文学经纪人,他也收到了这封邮件。他还非常精通每日问答的方法,当艾米丽开始挑战自己的行为习惯时,他给她提供了指导。

艾米丽的故事给我们带来的启发,不只在于正确运用每日问答遴选问题、记录分数、监督自己并坚持下去,更在于我们做出的选择和调整,让结果往更好的方向发展。

我在会见客户的时候,常常会在脑子里形成一副"改变分数",估计这些客户能接纳多少改变,以及他们应该把哪些事留给下一次来做。我考虑他们的承诺、他们以往的成功纪录以及他们的改变需要多少社交支持和自控力。艾米丽身上体现了所有这四种因素,虽然并非都对她有利:

1. 她曾寻求帮助

这很好。当我们把自己要改变的想法广而告之时，我们就是在公开冒险，就是把我们的名声和自尊心押了上去。这跟押上自己辛辛苦苦挣来的钱没什么区别。

2. 她选择单干

减肥针对的是个人，而不是人际行为习惯。例如，如果我们决心做一个更好的聆听者，我们的成功需要其他人的参与，我们必须持久表现出我们的新行为习惯，才能让人们意识到我们听得比说得多了，我们不能直接宣称自己更善于聆听了，必须让他人来向我们宣布这一点。艾米丽的情况则不一样，她只需要依靠自己减肥，自己就能评定，而不必依靠他人的评判。如果她做得不好，只会让她自己失望。她是在孤立状态下努力，这意味着她对自己的命运有全部控制权。综合考虑来说，选择单干对她是有利的。

3. 她处于一个"敌对的"环境中

艾米丽在全食食品超市工作，这对她减肥没有任何好处。她不仅在上班的时候一直待在充满各种食品、各种美味诱惑的超市里，她还负责管理奶酪部门。她就像是在啤酒厂工作的酒鬼,并没有处于一种最有利于减肥的环境中。

4. 她过去没有任何成功纪录

和我的商业客户不同,她没有很多成功纪录和战胜挑战的经历。她还年轻,刚刚开始她的职业生涯,而且事实上,她之前几次减肥都失败了。

与那些成功的商务人士相比,这可是个重大劣势。对他们来说,接受挑战并取得成功就像是锻炼肌肉,你用得越多,它就越强壮,过去成功的经验会让你拥有在任何条件下都能成功的信心。

2001年,当我第一次与艾伦·穆拉利合作时,他正负责运营波音公司的商业航空部门。他耐心地听我讲述方法,最后说:"我懂了。这是一个可复制的过程。"

"嗯,不过不止于此。"我只插了一句,然后明智地选择继续聆听。

艾伦笑着说:"我连波音777飞机都造过。我想我能做到这一点。"

他说对了。成功人士可以用过去的成功经验来战胜新挑战。艾伦是我见过学习最快的人,因为他已经知道该怎么做了。[1]但是

---

[1] 我这两年指导非常成功的人时,不需要任何担保,直到完全取得成功才会收费,主要原因就是"成功孕育成功"。和成功人士合作,我成功的概率当然很大。

艾米丽没有这样的成功经验。她不但要培养新的饮食习惯、新的行为习惯、还要学习怎样在忙碌中取得成功。

这就是艾米丽第一天给我留下的印象。她要在一个不给力的工作环境中改变一个最难改变的行为习惯，而且是独自行动，没有群体环境的支持。

另一方面，每日问答和她伯伯每晚的电话跟进可以提供一些规划和督促。奇怪的是，几乎所有减肥书和减肥项目中都没有提到这些，它们只告诉你应该吃什么，却没有告诉你应该怎样坚持下去。艾米丽遵循的是成年人怎样改变行为习惯的入门教程。

她迈出的第一步，是决定要改变什么。艾米丽设定了6个目标：

◎ 坚持果汁节食。

◎ 坚持每天锻炼身体。

◎ 提升有关酒的知识（她当时正在准备二级侍酒师的考试）。

◎ 和家人朋友保持联系。

◎ 在工作中学习新知识。

◎ 在工作之外帮助他人。

她的这些目标并不起眼，我们都曾用过这样的自我完善清单：减肥、健身、规律生活、学习新知识、戒除坏习惯、节省开支、帮助他人、多陪家人、到陌生地方旅行、恋爱、放松等。这些目标都没错。其他人也用类似的目标并不会降低这些目标的价值。

她的第二步，是接受积极问题的概念，聚焦于**努力程度**而非结果。她要用"我有没有尽最大努力……"而不是"我有没有……"的措辞来制订自己的目标。每晚10点,她伯伯都会给她打电话,她也会提前准备好答案。就这样,改变开始了。在每日问答和她伯伯的跟进帮助下,艾米丽的改变不断向好的方向转变。以下就是她从第一周到第四周记录的分数:

艾米丽的每日问答

第1、2周														
我尽最大努力做这些事了吗	1	2	3	4	5	6	7	8	9	10	11	12	13	14
1. 坚持果汁节食	10	10	10	10	10	10	10	10	10	10	10	10	10	10
2. 锻炼身体	0	0	0	0	0	0	0	2	0	0	0	0	9	9
3. 提升有关酒的知识	2	3	0	0	0	1	4	10	10	8	7	6	9	9
4. 和家人朋友保持联系	8	5	6	4	6	3	5	5	5	3	8	4	8	4
5. 在工作中学习新知识	3	2	2	6	7	10	0	4	9	3	3	10	9	0
6. 在工作之外帮助他人	5	10	10	4	4	6	5	6	3	3	7	7	3	10
总计	28	30	28	24	27	30	22	37	37	27	35	37	48	42

艾米丽的每日问答

第3、4周														
我尽最大努力做这些事了吗	15	16	17	18	19	20	21	22	23	24	25	26	27	28
1. 坚持果汁节食	10	10	10	10	10	10	10	10	10	10	10	10	9	10
2. 锻炼身体	8	0	8	8	10	8	8	8	9	10	10	9	10	10
3. 提升有关酒的知识	8	8	7	8	7	8	8	10	10	8	8	10	8	9
4. 和家人朋友保持联系	4	5	3	6	3	5	3	5	5	5	7	7	3	2
5. 在工作中学习新知识	4	4	10	5	0	4	4	7	8	2	2	8	0	0
6. 在工作之外帮助他人	6	10	7	6	7	7	8	4	3	3	5	5	5	8
总计	40	37	45	40	41	41	43	42	45	38	42	49	35	39

每日问答有一个不那么令人愉快的好处，它能迫使我们关注一个被忽视的量化数据：**我们的努力程度**。但我们很少这样做，我们把努力当作二等公民来对待。每当失败的时候，我们总是给自己传递一些悲观信息。我们说"我努力过了"或者"我尽力了"，但是如果坚持记录量化数据，几天之后数据就会揭露一些情况；如果只看结果，我们就有可能会忽视它们。例如，艾米丽在前12天里，给自己坚持果汁节食这一条上打的都是满分10分。鉴于我们对任何事物都不乏三分钟热度，所以在任何改变过程刚刚开始的时候，这样的自律都不算稀奇。我们策划和执行的时间间隔越短，我们记得自己计划的可能性就越大。随着策划与执行之间时间间隔的拉长，我们所处的环境会把诱惑和干扰强加给我们，使我们的激情和自律逐渐消退。

但是在她第二个目标每天锻炼身体上，她得了11个0分，1个2分。那天她散了会步，她伯伯指出，如果你能连续无视一个目标将近两星期，它就不算是重要目标，那你为什么还要把它放在清单里？

这次通话给了艾米丽当头一棒，用她自己的话来说就是"严厉的爱"，迫使她承认，没有锻炼身体做配合的极端减肥是不健康的。第二天，她加入了当地一个基督教青年会，他们有一个游泳池，每天有一小时只对会员开放。你可以看到，就在第13天，她在"我是否尽最大努力锻炼身体了"一栏给自己打了9分。到第24天，她又把一个高温瑜珈入门班加入了自己的日常安排。在33.3摄氏度高温的房间里锻炼90分钟之后，她几乎要累晕，她那天给自己打了10分。到第四周结束的时候,她已经瘦了17公斤。

接下来的四周也差不多,中间她经历过起起伏伏,也逐渐认识到哪些事情重要、哪些做法有效、哪些事情可以扔在一边。以下就是她这四周的成绩:

艾米丽的每日问答

第5、6周

我尽最大努力做这些事了吗	29	30	31	32	33	34	35	36	37	38	39	40	41	42
1. 坚持果汁节食	10	10	10	10	10	10	10	10	10	10	10	2	2	2
2. 锻炼身体	8	8	10	9	10	3	3	10	10	10	10	8	8	8
3. 提升有关酒的知识	7	8	9	9	10	9	10	10	10	10	10	5	5	5
4. 和家人朋友保持联系	9	8	8	6	4	5	6	9	0	3	1	10	10	10
5. 在工作中学习新知识	4	5	4	3	7	4	3	0	1	4	7	0	0	0
6. 在工作之外帮助他人	6	5	5	5	3	2	6	7	6	5	8	4	4	2
总计	44	44	46	42	44	33	38	46	37	42	46	29	29	27

艾米丽的每日问答

第7、8周

我尽最大努力做这些事了吗	43	44	45	46	47	48	49	50	51	52	53	54	55	56
1. 坚持果汁节食	10	10	10	10	10	10	10	10	10	10	10	10	10	10
2. 锻炼身体	8	8	8	10	8	6	10	9	10	10	8	4	10	10
3. 提升有关酒的知识	7	8	8	10	7	10	10	10	9	10	2	6	10	10
4. 和家人朋友保持联系	9	5	4	7	5	7	6	3	×	×	×	×	×	×
5. 在工作中学习新知识	4	4	4	6	3	6	6	6	×	×	×	×	×	×
6. 在工作之外帮助他人	6	9	9	3	6	3	3	5	×	×	×	×	×	×
总计	44	44	43	46	39	42	45	43	29	30	20	20	30	30

果汁节食右侧这一连串10分尤其令人印象深刻，它意味着艾米丽确实尽最大努力了，也就是说，她完全遵守规则，没有任何犹豫和偏离，也没有用任何非液体食品来自欺欺人。在第40天到第42天，她的果汁节食得分骤然下降。但这是事先安排好的，她当天出席了一个朋友在缅因州的婚礼，并决定放松一下，在别人都吃着蛋糕、举着香槟酒祝福新人的时候，不做只喝果汁的"另类女孩"。固体食物给身体带来的冲击让她很为难，她还想继续果汁节食，并把这个60天的项目延长3天，以此来弥补这次"中断"。

我们还可以看到，在第三个问题右侧，提升有关酒的知识的努力出现了进步。因为她的侍酒师考试时间快到了，在第49天考试，她在拼命背记，利用所有自由时间来学习，她在这一项给自己打了很多10分或9分。

在第51天，第4、5、6个问题出现了一串"×"。艾米丽总结说，她不需要再给这些事情打分了。她已经把做这些事养成了习惯，因此也就不需要再"尽最大努力"去克服挑战。她把自己的目标精选为3项。这已经足够了。她并没有放弃其他事情，而是习惯已成自然。

在第63天，艾米丽结束了这项严格的果汁节食项目。她在这期间瘦了25公斤，通过了二级侍酒师考试，每周至少去游泳或上瑜伽班5次。她完成了有生以来时间最长的行为习惯改变计划，心里充满了自豪。

艾米丽的每日问答

第9周							
我尽最大努力做这些事了吗	57	58	59	60	61	62	63
1. 坚持果汁节食	10	10	10	10	10	10	10
2. 锻炼身体	8	8	10	10	9	10	10
3. 提升有关酒的知识	7	6	4	9	9	7	9
4. 和家人朋友保持联系	×	×	×	×	×	×	×
5. 在工作中学习新知识	×	×	×	×	×	×	×
6. 在工作之外帮助他人	×	×	×	×	×	×	×
总计	25	24	24	29	28	27	29

但是困难的部分才刚刚开始。

正如我们在第8章所说的一样，我们通过创造、保留、接受或消除来实现改变。到现在为止，艾米丽都是集中在消除上。她为了戒除多年以来的不良饮食习惯，采取了极端手段，牺牲固体食物来冲击自己，重新调整了自己的新陈代谢，快速实现了减肥。

但是人不能只靠喝果汁活下去。两个月以后，艾米丽知道自己必须停止这项苛刻的节食项目了。果汁节食已经完成了它的使命，它为她提供了严格的规则，极度缩小了她每天的饮食选择。如果你吃饭的选项只有甘蓝汁、芹菜汁、芒果汁、红薯浆、胡萝卜汁、辣椒水、甜菜汁、苹果汁等内容时，不论你如何选择，都是不可能让自己吃肥的。如果你把奶酪饼干、冰淇淋或者营养杏仁等美味排除在环境之外，你就不可能受到它们的诱惑。

现在，离开了果汁节食的快速调整，艾米丽需要养成新的饮食习惯。她进入了改变行为习惯的第二阶段,在这个阶段,她需要更多的创造而不是消除。原来的每日问答题目不再适用了。她需要重新设定目标,制订对今后生活有意义的计划。以下就是她想出来的新的每日问答题目:

艾米丽的每日问答

第10、11周

我尽最大努力做这些事了吗	64	65	66	67	68	69	70	71	72	73	74	75	76	77
1. 锻炼自己的体力														
2. 健康饮食														
3. 提升有关酒的知识														
4. 锻炼自己的脑力														
总计	0	0	0	0	0	0	0	0	0	0	0	0	0	0

大概过了一年以后,艾米丽又减掉了25公斤,终于实现了她的减肥目标。她通过了三级侍酒师考试,只剩最高级、最难的第四级考试了,还第一次参加了5公里长跑比赛。

总的来说,这个故事的结局很幸福,尽管"结局"有点用词不当。艾米丽的故事还在继续,结束的日子还很远。和我们每个人一样,**她一直都处于回到之前不理想行为习惯的风险中。**采用极端方式减肥之后,再度出现反弹的故事屡见不鲜,三分之二的人会在三年之内恢复之前减掉的全部体重。**是我们所处的环境造就了这一切,它一直在发动损害我们最佳状态的战争,我们必须始终保持警惕。**我们可以不断提升做好一件事的能力,哪怕只是保持之前的成果。

我引用艾米丽的故事，是因为她的主要目标——控制体重，是大多数人都要面对的问题。在这方面了解别人的评价并不难，所以我们很容易衡量它。此外，减肥这件事就像是专门为自我监督准备的，因为我们每天都在通过饮食塑造自己的体形。我们购买、准备食品，我们可以控制这方面的环境。

以每日问答的方式改变行为能带来一些其他方式没有的巨大优势，不论是控制自己怒气的大目标，还是不再说脏话这样的小目标。正是因为这些优势，每日问答才得以成为一股颠覆性力量。它们能够创造出更加如意的环境，通过以下几种途径帮助我们成功地改变行为习惯：

1. 它们会强化我们的承诺

行为经济学家把每日问答称为一种"承诺机制"（commitment device），每日问答公开了我们做某些事的意图。如果我们让自己处于失望或者当众丢脸的风险下，我们就会迫使自己改变。艾米丽从朋友和家人那里寻求帮助，就是一种承诺机制。在晚上定闹钟也是一种承诺机制，它能迫使我们按时起床。我知道有些人为了避免半夜吃零食，把晚上提前刷牙当作一种承诺机制，由于不想在睡觉前再刷一次牙，他们就会忍痛放弃零食。有一种"脏话罐"，如果谁说脏话了就要往里边投钱，这也是一种承诺机制。同样，如果我们和朋友打赌要按时完成一项任务，金钱上的损失就会刺激我们成功完成任务。社交网站也懂这一招儿，它让我们签一份改变行为习惯的"合同"，并在我们动摇时，通过信用卡来进行经济惩罚（例如捐钱给一个自己喜爱的慈善组织，或者更令人寒心的做法，捐给一个我们厌恶的组织）。

像Freedom这样的软件也是如此，它能让人们连续八小时不用互联网。还有Lose it之类的应用，它根据我们想要的减肥速度，给我们每天摄入的卡路里设定了上限。我们的承诺机制和做其他事情的智力表现一样，有时很聪明，有时很笨，而且种类繁多。

甚至连一些企业也会出现这样的情况。瓦尔比派克眼镜公司把自身重组为一个"B公司"，正式承诺随盈利情况为社会进步做贡献。根据新的模式，他们每卖出一副眼镜，就要在发展中国家免费赠送一副眼镜。该公司不能因为一时突发奇想或者业务放缓就放弃承诺，因为这将导致法律和声誉上的损失。这是一个严肃的承诺机制。

每日问答也是严肃的，它能迫使我们说清楚自己到底想要在生活中做出哪些改变。对我们很多人来说，把目标一一写下来，或许是第一次正视自己的缺点，或者意味着考虑去改变，或者承诺要变得更好。你还记得自己成年后第一次重大的行为习惯改变吗？是什么诱发了它？你做得怎么样？不妨这样问自己：作为一个成年人，你真正成功改变了自己的行为习惯吗？

2. 它们会在我们需要的时候激发动机

一般来说，我们会受到两种动机的驱动。即内在动机（Intrinsic Motivation）和外在动机（Extrinsic Motivation）。

内在动机想要的就是做某些事本身，我们享受做这件事的过程。比如读一本并非老师布置的书，只是因为我们喜欢它的主题。那些起早跑6英里的人，是为了体验锻炼身体的纯粹快乐才这样做的。还有那些在家花几个小时烘烤一块面包的人，虽然在面包店里很容易买到同样的面包。类似的，人们会利用周日早上的时间做纵横字谜。快乐、投入、好奇是内在动机最明显的特征。

外在动机是为了外部回报去做某些事，比如为了得到他人的认可或者避免惩罚。我们在上学的时候就受够了外在动机的狂轰滥炸：分数、奖励、奖学金、同侪压力、写简历、申请名牌大学，等等。在我们进入职场以后，这些外在动机也没有消失。它们只是换了些名字而已：薪水、头衔、办公室面积、他人的赞赏、名声、报销账户、贵宾信用卡、度假别墅，等等，所有这些奖赏都在刺激我们努力工作、好好表现。只有在我们实现这些目标，拿到奖赏时，我们的外在动机才会动摇，我们才会思索为什么这些外部回报没有带来我们所希望的意义、目的和幸福。

每日问答让我们聚焦于我们需要帮助的地方，而不是我们已经做好的地方。我们都有一些自然养成的习惯，不需要任何外界强化就可以把它们做好。例如，在听众面前演讲是我最重要的事情，它是我的主要收入来源，它能带动我的著作（比如本书）的销售。作为一名专家,这是我付出努力最多的地方,不论是有偿的还是公益的,也不论是面对6个人的30分钟演讲还是面对数百人的90分钟讲课。尽管如此,我也从来没有把公开演讲列入每日问答中,因为我不需要监督自己作为演讲者的动机。在这个领域,我已经非常尽力了。我喜欢做这件事,而且希望一直做下去。

当然,在很多领域我们的动机并没有达到最优,不论是内在动机还是外在动机。每日问答能迫使我们面对这些不完美,承认它们,并把它们写下来。只有做好了这些事,我们才有机会变得更好。

3. 它们能凸显自律和自控之间的区别

改变行为习惯需要自律和自控。我们很容易把这两者混为一谈,但它们之间是有微妙差异的。**自律是指实现理想的行为,自控是指避免不理性的行为。**

当我们在蒙蒙亮的清晨去健身房时,或者按时结束一次周会时,或者清理好办公桌再下班时,或者记着感谢同事的帮助时,我们表现出来的都是自律,坚持重复积极的行为。当我们拒绝自己最喜欢的事物时,不论是抑制取笑他人的冲动,还是拒绝再来一顿小点心,我们表现出来的都是自控。

大多数人都更擅长两者中的一个。有人擅长重复积极行为,但不那么擅长避免消极行为。有人则恰好相反。这种脱节解释了我们常见的一些自相矛盾之事:严格素食却会抽烟的素食主义者、优柔寡断的教练员、宣布破产的会计、自己也需要指导的教练。

我们每日问答的措辞揭示了我们到底是偏好自律还是自控。一个人可能会问自己："我是否尽最大努力限制自己吃糖了？"另一个人却会问："我是否尽最大努力抵制糖果了？"前者叫作自律，后者叫作自控。根据个人的偏好和特长对每日问答进行细微的调整，可能会达到意料不到的结果。

4. 它们会把我们的目标提炼为方便管理的数据

每日问答比其他任何事物都更能压制行为习惯改变的劲敌：急躁。不论目标是六块腹肌还是新声望，我们都想立竿见影，而不是很久以后才能看到结果。我们今天付出的努力，将来不知哪天才能得到收获，其中的间隔让我们丧失了改变的激情。我们追求即时的满足，反感需要持久努力才能达到的预期。

根据定义，每日问答迫使我们每天都要检查自己在某些方面的努力。这样，它们把我们的目标提炼成了方便管理的每日数据。

通过聚焦于努力，每日问答让我们不再痴迷于行为改变的结果，因为我们衡量的不是结果。这样，我们就得以享受改变的过程，欣赏自己每天为改变行为而做出的努力。我们不再因为没有明显的进步而沮丧，因为我们关注的是过程而非结果。

每日问答提醒我们：

◎ 改变不会一蹴而就。

◎ 成功是日复一日坚持努力的最终成果。

◎ 只要努力了,我们就会变得更好;如果不努力,就无法变更好。

承诺、动机、自律、自控、耐心,当我们努力改变行为方式的时候,它们都是每日问答强有力的好帮手。这次讨论中,我们还漏掉了一个帮手:教练。

12

计划人、行动人和教练

在电子表格中记录每日问答并没什么魔力。只要我们找准了努力方向，整整齐齐的电子表格随时可用，它不是必需的，晚上汇报情况的电话也不是必需的。

唯一重要的因素是，要坚持每天向某个人汇报打分情况。这个人就是你的教练。

在某些人看来，这种"教练"有点像是个记分员，我们每晚向他汇报分数，但并不会得到他的评价或干涉。在另外一些人看来，这个教练像是个裁判员，他除了计分之外，还会在我们严重犯规的时候吹哨，比如迫使我们解释连续几天低分的原因。还有一些人认为，这种教练像是成熟的顾问，他会和我们共同探讨我们正在做什么、为什么这样做。

从最基本的层次来说，教练就是一个跟进机制，就像一个监督员一样,定期检查我们做得好不好。当知道有人在监督自己时,我们的效率就会更高。

从稍高一点的层次来说,教练可以帮助我们提升责任感。在每日问答的自我计分系统中,我们必须回答自己的问题。我们如果不满意,就会面临选择:我们是要继续忍受自己制造的失望呢,还是应该更加努力?结果,每天把自己的分数报告给一个"教练",成了每天对我们承诺的检验。这是个好东西,当知道自己将要接受检验时,我们会更加坚忍顽强。

但是"教练"不仅是我们内疚心理的代理人。

总的来说,教练是一个调解员,在我们体内高瞻远瞩的计划人和目光短浅的行动人之间架起沟通的桥梁。我们体内的计划人或许会说"我要在假期阅读《安娜·卡列尼娜》",但是在假期里充满了引人分心的诱惑,行动人不得不找一个安静的角落,阅读托尔斯泰的大部头名著。教练会在我们制订计划之后,提醒我们光靠自觉是不行的,教练会提醒弱小的行动人应该怎样做。这个简单的过程是这样的:

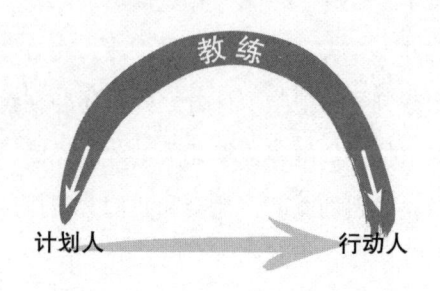

计划人、行动人和教练的关系

我们大部分人已经熟悉了这种过程。如果想要健身，我们就会提前制定一个健身计划，比如，我们想在周二上午10：30去健身房锻炼。但到周二早上，我们不那么坚定了。因为前一天晚上送朋友去机场，回来太晚了。我们给自己设置障碍，破坏了与自己的约定。借口有无数种，有的是合理的，但大部分都毫无说服力。我们体内那个充满渴望的计划人变成了反复不定的行动人。

但是这个过程中有了教练之后，情况就完全不一样了。我们必须按时到场，因为教练在等我们。或许他是从很远的地方开车来的，或许他为了见我们错过了其他约会。我们有义务去遵守承诺。同时这还是一个金钱问题：不管去不去，我们都要付钱。另外，第一次约好时间就不去，等于还没开始就失败了，这也是对自己的一种侮辱。

所有这些因素，羞愧、内疚、费用、责任、形象，都对我们产生了影响，只是因为教练的存在。通过这种方式，我们做了自己想做的事情。教练连接了我们体内的计划人和行动人。成功的改变就是这样发生的，在不同的环境里，我们做出的选择把自己的意图和行动结合到了一起。

做大多数努力时，我们都本能地知道教练的重要性。运动时，我们欢迎教练，因为我们需要专家帮助我们纠正技巧，劝诫我们更加努力，提醒我们在激烈的赛场环境中保持冷静。

公司环境中也是如此，一名好领导就像一名好老师，教导、支持、启发我们，还时不时给我们注入一些顽强的意志，让我们持续奋勇前进。

在这种等级分明、结构清晰的工作环境中，我们总能对给我们发薪水的人负责，有明确的动机去变得更好，但是离开了这种环境，我们就无法清晰地认识这种过程。

私人生活中，混乱的环境诱发了不理想的行为，我们却并非总是欢迎教练的指导。我敢肯定，我们抗拒指导的原因之一，是我们对隐私的保护。有些事情不是用来与他人分享的。承认自己应该减肥或健身是一种情况，这实际上是一种荣誉勋章，证明了我们的坦率和想要完善自我的抱负。但是作为一个"体面人"，作为搭档或父母，坦白自己有所不足、应该为每天的个人失败负责，则是另外一种情况。与其把我们的某些缺点像洗衣店的衣服一样公开晾出来，我们宁可不改正，继续掩藏它们。

另外一个原因，是因为我们不知道自己需要改变。我们坚信需要帮助的是别人，而不是我们自己。2005年，西海岸一家大型装备公司的CEO给我打电话，请我与他的COO及法定继承人合作。这名CEO有明确的时间要求，他说："我的二把手是个好人，但是他还需要再历练三年。然后我就可以放心离开，让他顺顺利利接班。"只要有人请我去努力证实他的预期结果，我就会瞬间灵敏起来。没错，当我对这名COO的同事进行全面采访后，他们都说这名COO"现在就能接班"。更大的问题在于那名CEO。我没有施加任何暗示，几乎每个受访者都说这名CEO在位时间太久了，为了公司考虑也该离任了。

抗拒改变最后一个原因是成功人士的自负：我们自认为我们完全可以靠自己完成任何事。当然，很多时候我们能做到。但是总是大肆宣称不要帮助，这算什么美德呢？这是一种毫无必要的虚荣，说明我们没有充分认清改变的难度。我知道这一点，是因为改变人们的行为习惯是我工作的主题，我一直在讨论它、写有关它的书、帮助人们实现它，这就是我的工作。尽管如此，我依然得掏钱请一位名叫凯特的女士每晚给我打电话，跟进我一天做得如何！

这不是出于职业原因的虚伪做作，好像我是一个不会吃自己做的菜的厨师。虽然这相当于公开承认我是软弱的，但人人都是软弱的。如果不抓住我们能遇到的每一点帮助，改变的过程必将是艰难的。

有趣的是，"每日问答和教练"不但对减肥、健身这样的个人目标有效，它同样也适用于具有个人特殊性的人际关系的目标，比如变得更加友善、更加感恩、更加体贴、更加清醒，这能让我们在人际交往中表现得更好。我知道这一点，是因为我在客户身上取得了这样的效果。他们没有请我帮助他们成为更好的战略家、预算编制者、谈判专家、公共演讲家、提案撰写人或者程序员，我却帮助他们在最重要的人际关系中变得更好，让他们成为家人、朋友、同事或客户眼中的楷模。

不久以前，我与一个名叫格里芬的高管合作，他的问题在于总想在工作中"在别人的点子上加分"。读过我那本《领导力精进》的读者或许能回忆起我当时列举的应该破除的20种工作习惯，其中就有这一条。此外还包括"过于争强好胜""愤怒的时候发言""惩罚报信人""向别人炫耀自己的聪明"等。如果一名下属来说一个新创意，他不会说"这是个好主意"，而是表现出一股难以遏制的想要改进它的冲动。他的改进有时候是有益的，但问题在于，也许他能把这个创意改进10%，但与此同时，他也把那名员工对这个创意的所有权减少了50%。他这种令人窒息的领导方式，让员工们噤若寒蝉。他学习速度很快，在每日问答中"不再别人的点子上加分"这一项，他很快就给自己打出了10分。一年以后，他的下属才逐渐理解并完全接受他这种变化，向他表达新创意时，再也不担心被弄得神经兮兮了。他变得更好了，我也得到了报酬。

这是一个没有痛苦的改变过程，我们从此结为朋友，我还为格里芬的其他一些事提供了义务指导。和大多数人一样，看到自己的帮助有效总能让我充满激情。

"找一个你家里的问题，"我说，"让我看看你能不能改善它。"

他对自己选择的问题感到有点尴尬，他称之为"冰块叮当响"问题。

一些与饮料有关的声音令他感到烦恼，例如，有人底朝天倒一瓶水时发出的咕咕声，把苏打水倒入冰凉的玻璃杯时发出的嘶嘶声，还有搅拌饮料时冰块发出的叮当声。其他声音折磨不到他，不论是狗叫还是婴儿啼哭，抑或是在黑板上划指甲，"哪怕是听五音不全的人唱歌都没事。"他说。

"这怎么会成问题呢？"我问道，"把你的耳朵堵上，离开房间就是了。"

他之前没遇到过这个问题,直到最近他妻子不喝矿泉水,改喝健怡可乐加冰块了才这样。妻子在玻璃杯里搅动冰块,轻啜一口,然后再搅一阵子,正是这种声音让格里芬十分恼火。和妻子一起喝饮料本来是轻松时光,可以每天放松放松,突然间,这种每晚惯例变得和痛苦的牙根管治疗一样令人紧张了。

一天晚上,格里芬再也忍耐不住了,他冲妻子吼道:"你能别再这样叮当响了吗?"

妻子盯着他说:"你认真的吗?"但她脸上的表情像是在说:**你这个傻瓜!**

格里芬知道妻子是对的,她什么都没有做错。如果自己指望她改变,那就有点儿过分了。承认问题,算是迈出了第一步。

第二步,是认识到原本的晚上放松时间,已经被他自己改造成敌对环境。他在每日问答清单中加了一个新问题:**我是否尽最大努力享受和妻子共处的时光了?** 如果提出了这个问题,他就必须要把它解决掉。

他每天给自己的打分介于1~10分之间。他努力克制自己的不适,忽视那些声音,假装在自娱自乐,所有这些都是为了不惹恼妻子。他在训练自己成为一个好丈夫,这对他来说很重要。

他告诉我,在最初忍耐这些声音的日子里,"我紧紧攥着手中的玻璃杯,几乎要把它捏碎。但是我没有抱怨,我没有把自己的难受表露出来"。

在晚上,当他发邮件向我汇报分数的时候,他给自己如此努力的忍耐打了高分。坚持这样做两周以后,他的烦恼开始逐渐消失。

不是一下子彻底消失,而是逐渐消失,好像有人每天都在调低一档音量。像纠正坏习惯一样,不到一个月,问题解决了。他调整自己的思维,换了一种方式来应对,那种叮当响声音的诱发效果变得不那么明显了,只不过是种无聊的声音罢了,不再令人恼火了。**格里芬不能改变自己的环境,所以他改变了自己对它的反应。**

我承认,格里芬是一个难得的好客户。他就像一个很有天赋的运动员,能够听从教练的指导,把坏习惯改好,他相信每日问答,并且每天检查自己的表现。他很好地践行自律原则,并实现了改变。我讲这个故事,是因为它突出了每日问答的三个好处。

1. 只要去做,我们就能变得更好

这是每日问答的一个小奥秘。只要我们坚持以恰当的方式去做,我们就能变得更好,让我们面对现实吧,给自己的努力打分需要什么技巧。我们的生活中没有多少事情可以打包票,但是这是其中之一。我的客户凡是按照指导去做了的,都变得更好了。如果他们什么都不做,那就没办法了。

2. 我们能更快地变好

格里芬只用了一个月就解决了他的"冰块叮当响"问题,在工作中接受了18个月的指导之后,他似乎不仅变得更好,而且改变得更快了。

　　无论是煎鸡蛋还是给病人做手术,我们都希望自己变得高效。我们正确重复一个动作的次数越多,对它的掌握就越好,就好像一个舞蹈家在多年训练之后,靠肌肉记忆就能一次性完成一连串复杂的舞步。

　　我们不敢奢望我们温暖而模糊的情感目标也能轻松取得进展。光靠技巧改变不了它们,其他人的反应和不断变化的环境都会影响它们。但是这种提升也会发生。我曾看到很多一对一指导的客户在离开我之后,都实现了这样的改变。和格里芬一样,他们一旦学会了如何改变一种行为,就能重复这种做法,改变另一种行为,而且比第一次改变更加顺利、更加快速。

3. 我们最终会成为自己的教练

　　这是最惊人的好处:我们最终会成为自己的教练。我知道这是正确的,因为我所有变得更好的客户,后来都在没有我指导的情况下,继续进行自我完善。

　　鉴于我们体内高瞻远瞩的计划人和目光短浅的行动人之间存在一条鸿沟,教练的存在就很有意义。教练能够在这条鸿沟上架起一座桥梁,因为他们目标明确,不会被环境所迷惑,他们能提醒我们想起改变的初衷,他们记得我们表现出理想行为时的样子,并帮助我们振作起来。这就是教练的作用。但是随着时间流逝，在多次被提醒之后，我们也学会并适应了这些做法。我们认清了那些容易让我们偏离计划的环境。我们会想："我曾经历过这种环境。我知道什么有用、什么没有用。"在很多次失败以后，终有一天我们会做出更好的选择。这并不奇怪。如果我们在类似的环境中重复同样的错误100遍，依然没有做出正确的行为，那才叫奇怪。

这时候，我们体内的计划人和行动人被教练结合在了一起。我们不再需要一个外界代理来指出哪些行为是危险的，或者督促我们遵守规则，甚至每晚听我们汇报分数。我们自己就可以做到这些。

我们体内的教练有多种形式。它可能是来自内心的声音，类似于良知，在我们的耳边私语，提醒我们想起之前的正确做法。它可能是一句歌词、一首圣歌、一句有意义的座右铭、一张卡片上的提醒、对一个重要人物的记忆，或者其他任何诱发我们理想行为的事物。

它甚至可以是一张照片。比如，有张照片就指导过我，这是一位美联社的摄影师于1984年在非洲马里拍摄的。那时我刚开始从事教练工作，和美国红十字会CEO理查德·舒伯特一起担任志愿者。

当时撒哈拉以南的非洲正在经历一场大干旱，数以千计的人们面临饥饿。理查德请我与另外八名美国人一起去马里调查真相。我们的行程被美国国家广播公司跟踪报道了一星期。

在这张照片中，35岁的我在撒哈拉沙漠里蹲在一名红十字会专家旁边。在她身后，是一排2～16岁的儿童。

马里的食物供应非常有限，所以红十字会引入了一种分类。他们冷酷地假设2岁以下的儿童几乎注定要死，而16岁以上的人可以靠自己活下去，所以把所有食物都分发给2～16岁的儿童。

这名红十字会专家正在检查儿童们的胳膊，以此来确定谁可以吃东西，谁不可以。胳膊太粗的儿童"还不够饿"，不会得到任何食物；胳膊太细的儿童会被放弃拯救，也得不到任何食物；只有胳膊中等粗的儿童，才能得到一小份食物。

除非有反人类的性格，否则就不可能对此无动于衷。但是当我回家重返我的"正常"生活以后，除了这张照片以外，我周围的环境都在弱化这种记忆，不论它是多么强烈，都会渐渐削弱。

这张照片诱发了我的感恩之心，好像1984年的我在指导今天的我一样。它传达了一条简单的信息：感激你所拥有的一切。

不论是失望还是磨难，都不要发牢骚、不要抱怨、不要生气、不要通过斥责他人来表达你的权利。你并不比那些非洲儿童更优秀。他们的可怕命运，也有可能是你的命运。永远不要忘记这一点。

我从来都没有忘记。我几乎每天都会想起这张照片，因为生活中充满了"所谓的磨难"。例如，你有没有观察过人们听到机场广播航班延误时的反应？这是生活中最可靠的无效诱因之一。这时候的人们会变得焦躁不安，在无辜的航空公司员工面前，他们愤怒不悦，常常丧失了镇定从容。我曾经就是那些人中的一员，我虽然没有发过火，但是我的确感觉不太舒服。我不喜欢这种感觉，因为在见过马里那些饥饿的儿童之后，我知道自己没有冒充受害者的权利。我把那些不应该有的感觉与这张照片联系起来。

多年以来，每当我听到自己的航班延误了，我就会想起这张照片，重复一句话："永远不要抱怨飞机晚点，这个世界上正有人在经历着你无法想象的困难，你是个幸运儿。"在这种消极环境中，这张照片是一个有效诱因。

13

你想做出积极的改变吗

开始努力做每一件事的时候,我们都要先遵循一些能够促使我们坚持到底的原则。

◎ 做木工的第一原则是量两次,切一次。
◎ 在航海中,要学会判断风向。
◎ 在女性的时尚搭配中,要先买一件百搭小黑裙。

想要成为你想成为的人,也有一条原则。遵循这条原则,会减少你每天的压力、矛盾、不愉快的争吵和浪费的时间。

在任何情况下,你都可以这样问自己,是要选择"投入"还是"放手"。我现在是否愿意做出必要的投入,使这方面出现积极的改变?

我向来看重两种思想，一种是佛教中所说的觉悟，一种是彼得·德鲁克所说的常识，我将这两者融合起来设计了这个问题。每天，这个问题都会频频浮现在我的脑海中，我会三思而后行。这条原则不需要我做任何事，只要避免做蠢事就行。

空船寓言

一则空船的寓言包含了佛教的智慧：

一个年轻的农民奋力划船逆流而上，累得汗流浃背。他要把自己的收获送到上游的村子里去。这天很热，他想尽早送过去，赶在天黑之前回家。他抬头一看，突然看到前方一条小船顺流疾下，直冲自己的船而来。他拼命划桨，试图避免冲撞，但是似乎为时已晚。

他大叫："拐弯！你要撞到我了！"但这只是徒劳，那条小船"砰"的一声撞了上来。他骂道："笨蛋！你怎么能在这么宽的河中撞到我呢？"他愤怒地向那条船里扫视，寻找这场事故的责任人，但发现那条船里空无一人。他刚才是在冲一条空船喊叫，它是摆脱缆绳顺着急流漂下来的。

当我们相信船里有一个掌舵人，我们会把自己的不幸归咎于那个人的愚蠢和马虎。这样指责他人令我们大动肝火、行为出格、推卸责任，甚至是扮演受害者。

如果我们知道那只是一条空船，我们就会更加冷静。**没有替罪**

羊，我们就没法发火，我们就会冷静地面对自己的不幸，接受它是命运或者坏运气的结果。我们甚至会因为这件事笑起来，在这么广阔的水域里，一条没有人控制随波逐流的小船竟然会被我们撞上。

这则寓言的寓意就是：别的船上没有人，我们却总是在冲一条空船大喊大叫。空船并不是针对我们的，也不是所有人都在故意给我们制造麻烦。

- ◎ 那名总是在开会时打断你的同事，他觉得自己比谁都聪明，不只是对你这样。
- ◎ 今天上班时，有名冲动的司机紧跟你的车开了好几英里，他每天在所有路上都是这样。这是他的开车习惯。
- ◎ 那名银行职员因为一个打印错误，驳回了你的小额商业贷款申请。他挑剔的是格式，不是你。
- ◎ 超市收银员忘把你买的凤尾鱼罐头打包了，你今天的晚宴还要用它，所以不得不开车回到超市来拿本来买好的东西。她一整天都在扫描条码、打包商品，很容易漏掉一听85克的小罐头。她不是有意针对你这样做的。

在领导力讲堂上，我常常用一个简单的小练习来说明这个道理。我会随机请一名听众想一个令自己感觉不好、愤怒或者疯狂的人。然后问他："你能想象出这个人的样子来吗？"

他会带着厌恶的表情，点点头说："能。"

我又问:"因为你的难受,这个人今晚会损失多少睡眠?"

"一点都不会。"

"那么,在这个过程中,谁受到了惩罚,谁执行的惩罚?"我继续问道。

答案已经很明显了:"两个都是我自己。"

在练习结束时,我给出了一句简单提醒,因为别人的性格而生他的气,和因为一把椅子是椅子而生椅子的气差不多。这把椅子改变不了自己是椅子的现实,我们遇到的大部分人也不会改变他们的性格。如果有人使你狂躁,你虽然不必强迫自己喜欢、认同或者尊重他,但是要接受他就是那样的人。

电影《教父》中的教父唐·柯里昂在说"不要把私人感情带到商界,这不利于发展"时,一定是像一位高僧一样。他知道,那些为了自己的最佳利益,做出令我们失望的行动的人,其本意并不是想要让我们痛苦。其实,所有惹恼或激怒我们的人都是如此。他们这样做,是因为他们就是这样的人,与我们是什么样的人无关。

彼得·德鲁克曾说:"我们生活的使命应该是做出积极的改变,而不是证明我们是多么聪明或者多么正确。"这条建议看起来浅显易懂。但是如果可以选择,我们会选择做出"积极的改变"吗?

德鲁克同时强调了两个我们经常忘记的概念。每当有机会展示脑力时,我们都很少考虑房间里的其他人,为他们创造积极的结果。我喜欢把这种做法称为"假积极":我们在说话时往往喜欢贬低他人,抬高自己。它们有以下几种表现形式:

◎ **卖弄学问**。一名下属在发言时出现了一个口误，比如把"谁"念成了"水"，然后你纠正了他。从发音一丝不苟的角度来看，这或许显得你很聪明，但是这样做既不能改善会场气氛，也不会让那名下属感觉良好。

◎ **我告诉过你……**你告诉妻子，你们两个至少要提前一个小时出门，才能赶上百老汇5点钟的演出。但是她拖拖拉拉，你们迟到了，错过了歌剧的第一幕。你勃然大怒，数落她毁了你一晚上的美好时光，责备她说你早就提醒了要提前一个小时。你说的当然没错，只不过继续这样下去，你连她这一晚上的美好时光也毁了。

◎ **道德优越感**。当你告诉朋友或者爱人不要抽烟、不该喝酒，或者你们应该抄近路回家时，你难免会有一种道德上的优越感。在做出这些号称帮助他人的行为之后，你有多少次得到了对方发自内心的感谢呢？

◎ **抱怨**。你会抱怨你的经理、你的同事、你的对手、你的客户。据统计，美国人平均每周有15个小时在抱怨，抱怨成为工作场所中最流行的活动之一。你在抱怨的时候，就是在反对其他一些人的决定、计划或者做法。显然，你这样的人不好相处，而且你的潜台词是，你可以比他们做得更好。这样做很少能起到积极效果，如果你不是当面发牢骚而是背后抱怨的话，就更是如此。

这些行为往往会适得其反，带来很大的消极作用。当众纠正别人的一个小错误，不算是教导；用"我告诉过你要怎样"的说法，无法愈合沉痛的伤口；建议别人要像你自己一样，不会治好他们的坏习惯；向其他人抱怨，也不会提升我们的优越感。

以上只是随便举了四个例子，我们整天都在做类似这样的事。从早上起床到晚上睡觉，每当与他人发生冲突时，我们就会面临帮助他人、伤害他人或者保持中立的选择。我们如果不注意，就会经常选择伤害他人，以此来证明我们比"那个家伙"更聪明、更优秀、更正确。

我把那则"空船"的寓言和彼得·德鲁克的建议看作两个互补的观点。佛教的寓言是面向内心的，它教我们在存在干扰的情况下如何保持头脑清醒；德鲁克的建议是面向外界的，它教我们如何控制假积极。

在我们讽刺或贬低他人的时候，比如指责他没有对情况做出积极贡献，我们没有意识到自己也在起消极作用。我们也并不想让人痛苦，不是为了引发"讨厌的后果"而说出我们的想法。我们并没有考虑到说这种话的后果，我们只是一门心思想抬高自己。其实，我们是在朝着一条空船拼命证明自己有多聪明！

三思而后行

在诱因和行为的短暂间隔中，在诱因引发的冲动和可能令我们悔恨的行为之间，我们应该选择三思而后行。在我们对诱发环境产生高傲的、嘲讽的、评判的、好辩的、自私的反应之前，三思而后行可以创造一个时间差。这个时间差让我们有机会去思考一种更加积极的反应。以下几句话值得认真思考：

◎ 我是否**愿意**表现出强大的意志力，为自己的言行负责，而不是让惯性控制自己。扪心自问："我真的想要这样做吗？"

◎ 提醒我们自己**处于当下**。不同的境遇，需要不同的反应。唯一的问题是，我们现在面临的是什么情况？

◎ 在投入之前，**提醒自己**，对他人做出反应是一种工作，需要耗费时间、精力和机会。而且，和其他任何投入一样，我们的资源是有限的。也就是问自己："这样利用我的时间真的是最佳选择吗？"

◎ **进行积极的改变时**，要强调我们天性中善良、仁慈的一面。提醒自己，我们的行为要有助于把自己变得更好，或者把世界变得更好。如果这两点都做不到，我们为什么还要投入其中呢？

◎ 我们要**聚焦在手头的事情上**。我们不可能解决所有问题。我们在无法改进的事情上浪费的时间越多，可用于我们能够改进的事情上的时间就越少。

不是只有那些我们必须选择表现得友好或不友好的时刻，才要三思而后行。在那些看似细微的时刻，是否三思而后行也会影响我们的声誉，巩固或破坏我们的人际关系。

1. 当我们困惑是否要如实说出自己的想法时

我们都认为在无关紧要的时候，若不需要付出任何代价，不妨搁置自己的观点，说一些善意的谎言。如果母亲问我们她的新发型如何，我们不论怎么想，都要说看起来棒极了。毕竟，谁愿意摧毁老妈对自己新发型的感觉呢？我们整天都在做这样的事情，小心翼翼地保护我们所爱的人，不让他们陷于不必要的麻烦痛苦之中。

但是当我们需要维护和保护自己时，这种保护他人的宝贵本能就会变弱。我们把真诚当作伤害他人的武器，而不是能积极改善情况的工具。医生会面临这种两难境地，他们必须做出选择，是告诉癌症患者残酷的真相，避免患者产生错误的幻想；还是掩盖坏消息，使他振作起来，激发他的乐观精神？但是至少他们还会讨论向患者披露多少信息。

如果你曾错误地与恋人分手，并且悔恨当初笨拙、伤人的分手理由，你就能理解真诚与不假思索的区别。真诚是说足够多的真话，满足其他人了解情况的需求。不假思索地说出太多信息，会产生消极作用，往往会令他人感到痛苦或羞愧。

在工作场合中也是如此，如果我们要辞退一个人，我们可以使用一些中性的语言，比如"我很遗憾，没能留下你"。我们也可能不假思索地说"你一无是处"。这就相当于足球赛中遇到了非常弱的对手,是选择多传球给对方保留颜面,还是努力多进球刷成绩。在比赛中,我们常常会陷入狂热的竞争中,我们需要胜利,需要宣扬自己的优越感,却忘记了对方的感受。

真诚还是不假思索,这并不是多么深奥的难题,就像参加一场意外的生日晚会。如果一个你所爱的人为你准备了一个惊喜,但是一个朋友不小心提前告诉了你,走进房间的时候,你会怎么办?是真诚地说你已经知道了,还是揭发并责备那个朋友破坏了惊喜,抑或是假装惊喜。如果你在假装惊喜之前还需要时间来琢磨一下前两种选择,你在这方面就该多加把劲了。

2. 当我们有先入为主的观点时

美国著名记者A. J. 雷伯林曾于1960年说:"只有掌握出版权,才掌握话语权。"他没有预见到我们现在的社交媒体时代,如今任何一个拥有智能手机的人都能像专栏作家一样,随时随地"出版"自己对随便哪个主题的观点。这是21世纪生活中亦福亦祸的事情之一。它拓宽了参加讨论的人群,缩小了强权者与弱势群体之间的鸿沟,但是,它也浪费了人们很多时间。

例如,我的朋友拉里在亚马逊发表了一篇书评,给一本书打了1颗星(即最低分),他感到很骄傲,坚持要我读一读。那篇书评对作者进行了睿智、犀利的抨击,说他那本书纯粹是浪费读者的钱。书评很长,一丝不苟地引用了很多原文。拉里一定花了几个小时来写这篇书评。书评下边，还有20多条评论回复，拉里每天都会查看好几次。总而言之，他把一整天时间花在一篇最多有二百人看的书评上。

"这何必呢？"我好奇地问道。

"因为作者是个骗子。"他说。

"所以你就要让全世界都知道你很聪明，能发现这一点？"

"这只是一部分原因。"他说。

"还有什么原因呢？"我问道。

"我从良心上看不惯这本书。"他说。

"那你不能放开它，更高效地利用这几个小时时间吗？"

"我必须这样做，我也享受这种做法，"他说，"如果不这样做，我会感到更加愤怒。"

这才是我想听到的答案。拉里其实在心里做了个人"风险—回报"分析，最终认为写一篇书评对得起他的时间，因为这样可以提醒其他读者远离这本书，也算是有积极贡献的。他可不是没事找茬。在他的意识里，自己是在做好事，并从中感受到乐趣。

要是我们的头脑都这么清醒就好了，我们就会知道自己为什么要花那么多时间主动写一篇书评阐述自己的观点，不论是写给编辑，还是发表在个人博客、脸书或者推特上。我并非无视这些信息的价值，我是关心它所花费的时间是否值得。

只要不过分沉迷或者招人烦，在网上发表观点只不过是有点浪费时间，并不会损害我们的人际关系。因为在大部分时间里，我们会在网上忍不住和陌生人"争辩"，我们不知道他们是谁，而且永远也不会见到他们。这完全没什么好担心的。但是如果我们把这种好斗的语言带到了工作或社交场合中，面对活生生的熟人这样宣扬自己的观点，那就会产生大麻烦。

3. 当我们的观点与他人的观点相冲突时

确认偏误（Confirmation Bias），是指我们偏好与自己观点一致的信息，而不论它是否真实。

它一针见血地指出，我们总是选择性地搜集信息、偏心地理解信息、不可靠地回忆信息。它有多种表现形式，比如我们喜欢能够验证自己固有态度的信息，再比如我们会扭曲、模糊、复杂化事实，来支持自己看重的观点。我们都有这个毛病。父母看到孩子早早学会了上厕所，就把这当作天才的证据，这便是确认偏误的一个例子。一个领导在力排众议之后，却做出了有瑕疵的决策，也是因为如此。

我们无法消除他人或者我们自己的确认偏误，但是我们应该努力避免它的危害。在我们可能陷入的所有无意义的争辩中，**将事实与观点混淆是最糟糕的。它永远都不会有好结果。**不论争辩的话题是气候变化还是麒麟的寿命长短，当你引用明显的事实反对他人的观点时，总会发生一种所谓的"逆火效应"（Backfire Effect）。你精心组织的语言不但没有说服对方，反而强化了他的观点。他会加倍坚定自己的观点，你们两个都会更加偏激。如果你曾经历或见识过极端自由主义者和顽固保守主义者之间的辩论，你就会知道让某一方最终改变观点或者告诉对手"你是对的，我错了"是多么罕见。

这样的争辩没有任何意义。最好的情况是，你不过是浪费了大量时间，也没能改变别人的想法。最差的情况是，你会制造出一个敌人，破坏一份情谊，还会给自己带来不好相处的坏名声。

4. 当最终决定和你的想法不一致时

彼得·德鲁克的另一句话改变了我的人生。我把它讲给了我指导的每一个人，对有些人还会反复提到它："世上所有决定都是由掌握决策权的人做出的。要习惯这一点。"

决策者做决定，这似乎是显而易见的。他们的决定有时候是明智且符合逻辑的，有时候是不理性、小心眼、愚蠢的。但这不会改变这个事实：他们依然是决策者。很少有人能习惯这个事实。从抱怨老师评分的小学生，到愤懑父母没有背景的青少年，从悲叹被拒绝的求婚者，到忽视董事会指示的CEO，我们在生活中总是抱怨应该怎么样，却不愿接受现实。在这种幻想的泡沫中，我们授予自己不应有的自治权和优越感。我们想象如果自己有权做决策，这世界该有多么美好。但是我们没有这样的权力。

如果你就是这样，习惯性反对决策者做出的决定，三思而后行可以教你一个最简单的"成本—效益"分析方法：**这个决定值不值得**

去为之战斗？如果你的答案是否定的，那就把决定抛到脑后，在你能够做出积极改变的地方竖起你的大旗。

如果你的答案是肯定的，例如，我将奉献出一大块时间去帮助世界银行的金墉博士实现该组织消除极度贫困的目标。我并不幼稚，我知道我在有生之年看不到这项事业的成功，但是我愿意尽自己的绵薄之力去奋斗。冒着大风险去为信仰战斗，是一件无比满足甚至是快乐的事情。这是你的生活，你的呼声，没有人可以替你生活。三思而后行会让你做好准备，接受自己选择的结果。

5. 当我们后悔自己的决定时

有一次我从欧洲飞往美国，旁边坐着一名瑞士的私人投资家。在我们彼此寒暄双方职业时，他给我讲了一个故事。他曾购买一家小公司，并让前雇主管理业务，结果总是亏钱。他后悔这笔交易，感觉自己是被坑了。

"你这样有多久了，"我问他，"这种愤恨和后悔的心情。"每当这种时候，我常常感觉自己像是在挑逗对方后悔，但是我不介意。

"两年了。"他说。

"你是因为什么而愤怒呢？"我继续问，"是因为对方把它卖给你，还是因为你自己买了它呢？"

他大笑道："问得好！"这时已经不必再多说什么了。

当我们后悔自己的决定，却不采取任何行动时，我们和不停地发牢骚抱怨上司的员工没什么两样。事实上，你们一样都是在冲着一条空船吼，唯一的区别在于，我们吼的目标就是自己。

三思而后行并不是包治所有人际关系问题的灵丹妙药。我在这里强调它，是因为它有特殊效果。**它能提醒我们，我们所处的环境每天都会诱惑我们很多次，让我们卷入一些毫无意义的小争论。而我们对付它们的最好方式，就是什么都不要做。**

就好像关上办公室门，别人在敲门前会犹豫，问自己"我现在是否愿意进行必要的付出，在这方面做出积极改变？"可以给我们一个缓冲，有足够的时间来呼吸、反思，再行动。这样做，我们屏蔽了杂音和噪声，让我们自己去应对真正重要的变化。

3

More Structure, Please
请多点规划吧

14

没有规划，我们难以开启积极改变

在我指导过的客户中，花时间最少、取得进步最大的高管，是艾伦·穆拉利。他一开始就是个出色的高管。

我第一次遇见艾伦是在2001年，当时他是波音商用飞机公司的董事长，2006年，他跳槽到福特公司担任CEO。2014年，当艾伦从福特公司退休的时候，《财富》杂志将他列为全球最伟大领导人排行榜中的第三位，仅次于教皇弗朗西斯和德国总理安格拉·默克尔。现在，他和我携手帮助非营利组织和大公司培训伟大的领导者。

我从艾伦身上学到的东西，远比他从我这里学到的多，其中很大一部分原因，是我当时有机会观察他对我们所讨论结果的实际运用。在艾伦看来，要管理一个组织及其所属人员，没有什么比规划更加重要。我相信，在我曾见过的对组织规划的运用中，他所提出的商业规划评审会（Business Plan Review，BPR）是最高效的。在多年指导、研究如何改变的过程中，我学到了关键一课，它几乎是放之四海而皆准的：**没有规划，我们难以开启积极改变。**

艾伦不仅相信规划的价值，还把它运用到了工作的一点一滴中。艾伦到福特公司之后，每周四早上和他的十名高管召开商业规划评审会。这没有什么特别的，哪个CEO不开会呢？但是艾伦给福特的老员工们带来了新规矩：参会人员不得缺席，不许请假，出差人员通过视频参会；开会期间不许讨论无关事务，不许嘲笑或打断他人，不许看手机，不许向下属透露会议内容；每名领导都要说清楚本部门工作的轻重缓急，评估是否成功，汇报进度，并坦承进度落后的地方；每名领导都有义务帮助而不是评判与会的其他领导。

很多新领导都想打破原有的公司文化，结果换了一种套路，还是做原来那些事，新瓶装旧酒而已。

但是艾伦不一样，他之前的整个职业生涯都在造喷气飞机，作为一名航空工程师，他对规划和过程有深刻的信念，并且非常关注细节。每次开商业规划评审会时，他的开场白都是："我是福特汽车公司的CEO艾伦·穆拉利。我最重要的五件事是……"

然后他每周都会更新自己这五件事的情况，使用红、黄、绿三种颜色计分，分别代表差、中、好。他要求十名高管也采取同样的做法，使用同样的方式进行自我介绍，给自己的工作打分。实际上，他使用了我在指导过程中推荐的结构，并将它推广到整个公司。他给他的新团队带来了规划。不论是内容还是措辞，他都没有走偏。他总能认清自己的身份，坚持列出自己最重要的五件事，坚持给自己上周的工作打分。他从未食言，希望那些高管也能效仿自己。

一开始，有些高管认为艾伦一定是在开玩笑，没有哪家大公司的CEO会信奉这样的程序，一周又一周地坚持下去。

但艾伦是认真的。蓬勃向上的组织需要规划，艰难奋斗的组织更需要规划。为了让他的团队学会恰当的沟通方式，他一步一步地给这些高管们展示伟大的团队是怎样沟通的。还有比这更好的教学方法吗？

大部分高管很快接受了这种方式，但也有两个人表示抵制。艾伦耐心向他们解释，这就是他选定的开会方式。他没有强迫那两个人听从自己的领导。他说："如果你们不想这样，那是你们的选择。这并不说明你是坏人，只能说你不适合这个团队。"没有斥责，没有威胁，更没有装腔作势。

艾伦刚进入福特公司的那段时间，人们的表现充分证明了改变是多么难以推行。那一年，福特公司亏损了127亿美元，当时艾伦的团队要求这名新CEO谦逊有礼地去找纽约的银行家贷款230亿美元，维持公司的运转。如果说哪个团队最应该改变，那就是艾伦的团队。但是即使冒着丢工作的风险，还是有两名高管拒绝改变他们在周会中的行为。没过多久，这两名抵制者就决定辞职了。

为什么这两名高管宁愿放弃他们的职位，也不愿适应如此简单的程序呢？我对此的唯一解释就是自负。因为同样的原因，外科医生拒绝按照简单可靠的检查清单洗手，很多高管太自傲，不愿承认自己需要规划。他们认为重复性动作是平凡的、枯燥的，甚至在某种程度上是对他们的贬低。他们觉得，这么简单的事情，能有多大好处呢？

但对艾伦来说，**关键就在于简单重复**。事实上，规划的基本元素，特别是那种红黄绿打分模式，能够鼓励部门领导关注黄色和红色的领域。就像每日问答促使我们**每天**衡量自己的努力程度，然后面对自己的实际行为一样，这些高管每周也都在用颜色为自己上周的工作打分，一次不落。不论是用ABCD还是红黄绿，给自己打分都需要诚实、透明，它鼓励每一个人承担责任，这能给和同事一起讨论工作的CEO带来出乎意料的力量。会议室里的每一个人都能看到彼此有多少进展，而且这种相互监督永远不会结束。这些高管们知道，他们下周、下下周还会坐到一起，周周如此。而且艾伦也会出现在那里，听他们报告一周工作。"我知道你们到时候一定会有进展。"艾伦告诉这些高管。

一些高管最初把艾伦这种严格的周会制度当作负担。反复开会、报告，似乎有点浪费时间，但是慢慢地，他们开始认识到自己收获了很多。

遇到痛苦的主题，他们不能跑题，不能回避，也不能试图绕圈子敷衍了事。他们必须面对福特公司悲惨的现实情况。通过让每个人每周重复自己的姓名、职务、最重要的工作，并给自己打分，艾伦让他们集中注意力，言简意赅地讨论在福特公司转型期间唯一重要的工作标准：**我们在不断取得进展吗？**

这是规划对所有改变过程的重要贡献之一。它限制了我们的选项，使我们不会因为外界因素而跑题。如果只有5分钟发言时间，我们就会想办法简明扼要地表达我们的意思，因为规划的限制，大部分与会人员都同意这样的发言效果更好。

在生活中增加规划，能让我们把握住难以驾驭的环境。

当我们列出购物清单时，我们就给自己的购物增加了规划，提醒自己购买需要的东西，避免购买不需要的东西。

当我们照着一套食谱做饭时，我们就可以依靠规划简化烹饪的复杂性，同时增加我们端出一盘好菜的概率。

当我们拟定出一份遗愿清单时，我们就给自己的余生增加了规划。

当我们加入一个阅读小组时，我们就给我们的阅读习惯增加了规划，或许还会重塑我们的社交生活。

当我们每周日早晨去教堂或者跟踪自己每周的跑步里程时，我们就在用某种形式的规划控制了生活。我们会对自己说："在这方面我需要帮助。"而规划就能提供这种帮助。

成功人士凭直觉就知道规划的重要性。但是在涉及改善行为习惯时，我们会低估规划的作用。尽管规划能够很好地帮助我们安排日程，学习一项复杂的任务，管理其他人，或者提升某项可以量化的技能，但是在与他人交往这种简单任务中，我们总是倾向于忽略它，因为我们脑海总会浮现"我不需要规划"之类的错误想法。

我们认为"与别人玩得好"是用来评价小学生的，而不是像我们这样的成年人，我们告诉自己："**我是个自信成功的成年人。我不应该经常监督自己是否友善，或者人们是否喜欢我。**"

或者我们认为自己在任何人际交往过程中都是无辜的，总是别人的错，不是我的。**要改变的是其他人，不是我。**

或者我们太满足于我们已经取得的成就，自鸣得意地拒绝任何

167

改变。如果没问题，就用不着改变。

　　这就是本书的核心：每日问答。提问自己"我是否尽最大努力……"，就等于承认"我在这方面需要帮助"。**每天不间断地回答这个问题，能给我们的生活带来缺失的活力和自律，最终让我们清清楚楚地面对自己竭力回避的问题：我们变得更好了吗？**

15

一定要找到属于你自己的规划

不论我们想要实现组织目标还是个人目标，没有规划，我们都难以变得更好。但是我们的规划必须适合具体环境和个人性格。

艾伦·穆拉利进入福特公司的时候，就带着一套现成的规划，但那是他的规划，反映了他作为工程师的训练和思维方式。这是一种零容忍的规划，不允许有任何个性冲突，不允许任何个人凌驾于团队之上，不允许违反规则。这对艾伦和福特公司都非常有效，但不适用于所有环境。

不同的人适合不同的规划。我和东海岸一家保险公司的高管罗伯特合作时清楚地看到了这一点。罗伯特最大的优点就是性格外向。他是个典型的热情洋溢、察言观色、精力充沛的推销员。他总是在忙个不停，总是在追求下一个大单，这令他成为创纪录的销售员，简直成了公司里的一个传说。大家尊重他、崇拜他、喜欢他，这也是他最终成为CEO的一个原因。但是他的问题我们也同样熟悉：一个伟大的推销员不见得就是伟大的领导，哪怕是有超凡魅力和完美性格的推销员也不行。

罗伯特还从未接受过来自下属对他的全面反馈，他开玩笑说，他的下属们或许不好意思坦率地评价他。

"不必担心，"我说，"我们不会太关注那些太好的反馈。"

他说他想看看都有些什么坏反馈，我就展示给他看。"你得分最低的是'提供清晰的目标和方向'，你在这方面只能排到8%的位置。"

"说清楚点，8%是什么意思？"他问道。

"这意味着我跟踪过的领导们，有92%在这方面比你强。"

罗伯特不愧有如此的好名声，他输得起，而且希望变得更好。"看来我们有事情做了。"他说。要不是他当时穿着夹克，我想他一定会挽起袖子开始行动了。

罗伯特在提供清晰的目标和方向方面的低分，表明了一种混乱的管理风格。这并不奇怪。作为一个天才推销员，他依靠直觉读懂别人，了解他的客户。他从未真正培养自己的管理能力，比如去关注下属，指导他们，跟进他们执行决策的情况并提供反馈，在商业环境发生变化的时候调整策略。他过分以客户为中心，太关注外部事务而不是公司内部事务，一名高管指出他开会的次数太少。我是第一次听到这种反馈，之前从来没有员工曾对我说"我们需要开**更多会**"。

在我看来，罗伯特面临的挑战是两方面的：他必须同时**改变自**

己和周围的环境。也就是说要把他的团队行为与他自己的行为统一起来。我有一套现成的简单规划，之前曾经成功应用于很多客户，我把这套规划推荐给了他。这套规划包括六个基本问题。对罗伯特来说，这些问题并不陌生，但事实上，他从未留出时间去提问他自己和团队成员。

为了解决这个问题，我们为罗伯特建立了一个会议制度，让他每隔一个月就与他的九名下属分别进行一次一对一会谈。这给了罗伯特一个展示自己新做法的机会，证明他正在改变。对改变的人来说，每周开一次会显得太频繁了，半年一次间隔太久，不利于形成印象。我对罗伯特的唯一指导就是要坚持住。就像艾伦·穆拉利重复他的评审会一样，罗伯特必须坚持一套脚本。每次开会，都要在一张纸上列出以下问题：

◎ 我们的目标是什么？
◎ 你的目标是什么？
◎ 哪些工作做得比较好？
◎ 哪些工作需要改进？
◎ 我能怎样帮助你？
◎ 你能怎样帮助我？

"我们的目标是什么？"解决了公司整体层面工作优先顺序的问题。它迫使罗伯特大声把自己对公司和下属的期望清楚地表达出来，让每一名高管都听得见，而不只是在脑子里想。细节在这里并不重要。关键是罗伯特要能描述出一幅未来蓝图，让大家能够公开讨论，而不仅是猜测。重复这样的讨论，是改变环境和罗伯特名声的第一步。

"你的目标是什么？"然后，罗伯特要把目光转移到每名高管要做的工作上。他转换话题，让每个人回答同样的问题，从而把他们的行为和思维模式与罗伯特自己的统一起来。他们要像罗伯特那样，坦率诚实地说出自己的责任和目标。

"哪些工作做得比较好？"在提供建设性反馈意见方面，罗伯特的得分几乎和设定清晰目标一样低。他很少在会议上表扬那些业务明星。所以我要求他每次开会时，公开赞赏面前的高管所取得的成绩。然后他问了一个领导很少会问的问题："你觉得你和你的部门哪些工作做得比较好？"

"哪些工作需要改进？"这迫使罗伯特给他的下属提出建设性建议，他以前很少这么做，下属们都不指望从他那里得到建议了。在此他又增加了一个问题："如果你是你自己的教练，你会给自己提出什么建议？"下属们的回答令他大吃一惊，因为他们自己提出的建议往往比罗伯特提的还要好。好在他能适应这些。他不仅是在塑造周围的环境，也在塑造新的自己。

"我能怎样帮助你？"在领导发布的所有指令中，这是最令人高兴的了。不论是作为父母还是朋友，还是主持会议的忙碌的CEO，我们总是太少说这种话。我们很少有人能利用这种相互帮助的力量。当我们伸出帮助的橄榄枝时，其实也是在暗示人们承认他们需要帮助。我们这样做，是给自己增加了他人需要的价值，而不是多管闲事或者强加于人。这就是罗伯特的愿望：把每一个人的利益都统一到一起。

"你能怎样帮到我？"求助意味着把我们的弱点和漏洞暴露出来，这并不是件容易做到的事情。罗伯特想成为一名模范CEO。他以身作则、不断求助、专注于自我完善，以此鼓励每一个人都采取同样的做法。

罗伯特的改变并不是一夜之间完成的。但是如果没有规划，它们永远也不会发生。这种简单的规划有助于罗伯特发挥他的优势。他一直都很擅长与客户沟通。现在，他也把同样的技能应用在了员工身上。

事后看来，这种规划对罗伯特的最大影响，或许是放慢了他的节奏。他不再总是忙个不停，因为他必须认真安排时间，每两个月都要开九次一对一会议。

四年之后罗伯特退休的时候，我们收集了最后一次全面反馈，在"提供清晰的目标和方向"方面，他达到了98%。最令罗伯特感到惊讶的是他节省的时间。他总结说："与8%时相比，到达98%之后，我与人们交流花费的时间更少了。一开始，我的团队连闲聊和明确目标都分不清。通过给他们加入简单的规划，我现在能够以节约双方时间的方式，把他们需要的东西传递给他们。"

这就是规划与我们改变的愿望相匹配带来的附加价值。规划增加了我们成功的机会，还让我们更加高效。

16

损耗会影响积极行为

你曾遇到过以下这些事情吗？

◎ 工作了一天，你紧张地做了很多决定，回到家，爱人想敲定度假计划，你们两个已经说好了什么时候去哪里度假，但是还有一些细节问题需要解决。你说："随便你决定，我都同意。"

◎ 你早上睡过头了，来不及去晨练了。你告诉自己晚上下班后一定要去健身房。但是晚上带着公文包和健身包下班时，你心想："今天就算了。明天早上我一定去锻炼。"

◎ 你一整天都在不停地开会、接电话，终于下班回到了家。此时夜幕刚刚降临，在这美丽的夏夜，天还能亮三个小时。你可以去散步，可以叫朋友们来聚会，可以给自己烧一桌大餐，可以付清账单或者写写感谢信，可以读完正在看的书。但是你随手抓过一张椒盐卷饼或一块希腊奶酪，打开电视机，扑通一下坐到沙发上，盲目地开始看第38遍《肖申克的救赎》，中间还时不时会插播广告。

这是怎么回事？为什么到了晚上，我们的自控力就开始变差，不愿意去做些有趣或者有意义的事情。这不是因为我们天生懦弱，而是因为我们的自控力这时候变弱了。

社会心理学家罗伊·F. 鲍迈斯特在20世纪90年代创造了**自我损耗**（Ego Depletion）这个词来描述这种现象。他认为我们拥有一种"自我力量"（Ego Strength），而这种资源是有限的，随着我们在一天中不断努力进行自我调节，比如抵制诱惑、权衡利弊、抑制欲望、控制我们的想法和状态、遵守他人的规则，自我力量会不断损耗。鲍迈斯特认为，随着损耗的积累，人最终会达到一种自我耗尽（Ego Depleted）的状态。

鲍迈斯特和其他研究人员研究了多种情况下的损耗。首先，他们研究了自控力，也就是我们为了实现某种目的或遵守某条规则，有意抑制自己冲动的努力。在研究中，他们常常使用巧克力来诱惑人们。他们发现，努力抗拒巧克力饼干，会削弱人们随后抵制其他诱惑的能力。我们的自控力就像油箱里的汽油一样，总有耗尽的时候。所以每到一天即将结束的时候，自控力就会被耗尽，容易做出愚蠢的选择。

损耗并不局限于自控力，人们的各种自我调节行为都会造成损耗。

损耗对我们做决策的影响最为明显。不论是买新车时从几十款车里选择一款，还是削减参加场外会议的人员，我们负责做出的决策越多，在处理后续决策时就越为疲乏。研究人员称为**决策疲劳**（Decision Fatigue），在这种情况下，我们要么会做出欠考虑的决定，要么屈服于现状，什么都不做。因为决策疲劳，我们会在周二买东西，到周三一大早又退回去，因为在新的一天我们还没有耗尽，头脑更加清醒。这也是我们推迟决策的原因，因为我们太疲劳了，不适合**现在**做决定。

在2011年一个对以色列假释委员会1100项决定的研究中，研究人员发现，如果囚犯在早上到委员会请求假释，会有70%的成功率，而在晚上请求假释，只有10%的成功率。三名委员会委员没有任何偏见或者恶意，申请流程的差别只在于时间不同。委员们决定囚犯命运的热情在早上就消耗殆尽了，所以到傍晚以后，他们选择了完全不做决定的轻松做法：让90%的囚犯按部就班服满刑期。

人们用自我耗尽来解释各种消费者行为，为什么我们会寻求并接受促销员的建议——因为我们已经被耗尽，所以才会让陌生人帮助我们选择食品；为什么超市把糖果和"5小时能量"饮料这样的小商品摆在收银台旁边——因为零售商知道人们在逛超市的过程中已经进行了多次决策，在结账时更难抗拒任何诱惑。

损耗对人际行为和改变能力的影响，令我很感兴趣。如果购物、决策、抵制诱惑都是损耗，那么其他具有挑战性的行为就更算是损耗了，而且研究也证实了这一点。

整天与不好伺候的同事相处是损耗，装模作样对一个你看不上的领导保持顺从是损耗，过多过重的任务是损耗，在别人反对你时努力说服他们同意你是损耗，在别人讨厌你时努力让他们喜欢你是损耗，克制自己的主张或者控制你对他人的情绪也是损耗。

然而，和身体上的劳累不同，我们常常察觉不到损耗。它不像参加剧烈的体力活动，会让我们感到肌肉的疲劳，主动休息。损耗和紧张一样，是一种看不见的敌人。除非有人发明一种身体检测仪，告诉我们精力已经耗尽，否则我们无法衡量它，也就无法知道它在怎样折磨我们，影响我们的行为，导致我们做出糟糕的判断和不可取的行为。

参与损耗性的活动是一方面问题，另一方面的问题则是：**我们应该怎样在损耗的影响下行动？**做损耗我们的事情，和在被耗尽的情况下做事是两码事。前者是原因，后者是前者产生的影响。

但是这影响可不小。在损耗的影响下，我们更容易在人际交往中做出不恰当的行为，比如废话太多、暴露个人隐私信息、傲慢自大等。我们更难遵守社会规范，更可能去骗人；我们更不乐于助人，却更加好斗；努力控制攻击他人的冲动会耗尽我们的自控力。我们还会更加消极；当我们的智力资源被耗尽时，我们会更容易被他人说服，更难想出反驳的观点来。

从根本上来说，随着一天时间流逝、损耗渐增，我们试图控制的所有自然冲动都有爆发出来的可能。这并不是说它们都会变为实际行动，但是它们会在体内蠢蠢欲动，等待适当的诱因。

　　本书的一个核心观点就是，**我们的环境在以强大的、隐蔽的、奇妙的方式影响我们。损耗就是环境带来的不利影响之一**。我不想过多描述损耗的影响，危言耸听，把我们的情绪说得跟定时炸弹一样，一旦所谓的自我力量消耗殆尽，就会立即爆炸。正如汉斯·塞尔耶在1936年对紧张的发现一样，人们很容易忘记医生们曾经如此忽视紧张和疾病之间的关系，因为紧张只是身体对某些需求做出的反应。损耗是一种重新认识世界的方式，它让我们看到在长时间自我控制之后，人体产生的强烈的本能需求。

　　一旦我们打开视野，新的行动方案就会立即浮现在眼前，而且大部分都很明显，我们可以开始跟踪自己一天的损耗。虽然我们无法量化我们的损耗，甚至觉察不到它，**但是我们可以汇总一份清单，列出那些高损耗或者低损耗的事情**。

　　在海边待一天，除了擦防晒霜之外，没有烦恼没有忧愁，这可能是低损耗的。一整天都在山里徒步旅行，尽管身体会劳累，但也同样是低损耗的。很多我们可以选择做或不做的事情都是低损耗的，比如粉刷孩子的房间，或者探望住院的朋友。

　　另一方面，找不到丢失的行李，没能纠正一个账单错误，需要花费大量时间接听客服电话时，努力控制脾气保持礼貌，可能是高损耗的。听到小舅子或者邻居发表一些白痴言论时，努力保持缄默，是高损耗的。在他人固执己见的时候控制自己的正常冲动，应该是高损耗的。损耗就这样在我们的身体内渐渐堆积，到晚上，我们就发挥不出最佳水平了。当有人说我们辜负或者惹怒了他们时，我们会道歉说"我今天太忙了"或者"我已经累了"。我们只要能认识到自己已经耗尽,就会这样说。

汇总我们的损耗事件,可以让我们更清楚地看到,自己在一天结束时会变成什么样,我们的意志力会有多大的消退。就像开车时要监督自己不能饮酒一样,我们需要留意自己的行为是否受到损耗的影响。这一点自知之明,会提醒我们哪里有风险。

很明显,在晚上做大决定是一种风险。因此,不要在下班后会见你的财务顾问,决定怎样投资。在精力衰竭的时候投资,就和在醉酒时滑雪一样危险。要把投资当作你一天中第一件损耗的事情,在你油箱满满的时候做决定。

下班后回到令人恼火的家里也同样有风险。如果你曾一进家门就因为地上凌乱的玩具、混乱的书房或者没有遛狗而责备家人,你就会知道损耗的力量了,那些诱发你生气的因素完全无关痛痒。你可以选择幸福快乐地与家人相处,也可以选择让大家都难受。**在意志薄弱的时候,你才会做出错误的选择。**

规划就是我们战胜损耗的方法。**规划能以一种神奇的方式,减缓我们自律力和自控力消退的速度。有了规划,我们就不必再做那么多选择,我们只需要按计划行动。我们就不会那么快地被耗尽。**

艾伦·穆拉利一定本能地知道这一点,因为他在每周四召开的业务流程重组会有着严密的规划。成绩显著、头脑聪明的高管要在一场会议中做很多选择:说什么话,质疑或打断谁,以什么形式汇报工作,忽略哪些东西,表现出多少合作或粗鲁,等等。哪怕是和熟悉的同事们一起开会,做出这些选择也会消耗精力。艾伦的规划让高管不用再做这些选择，从而保护了福特公司管理团队的精力。他们从早上8点钟开始开会，常常会持续几个小时。如果任由那些高管们随心所欲，到最后一个小时，他们的集体损耗就会非常大。艾伦的开会规则限制了他们，也减少了他们的损耗，使他们的油箱一直都满满的，保持最佳的清醒状态，而他们自己并不知道。

如果我们给自己足够的规划，我们就不需要刻意自律，按规划做事就能达成想要的结果。我们不可能刻意规划好每一件事，任何环境都不会那么完美，但是我们所有人都在某些时候需要某些方式的规划。

例如，七天药盒是数百万每天吃药的美国人的一件宝贝。它解决了医患关系中的一个主要问题：患者是否按要求服药。比如我们周四早上醒来，就吃"周四"格子里的药，不怎么费力就按医嘱服药了。我们把这种药盒看作是一种便利，但是从另一个层面上来说，它也是自律的一种规划替代品。有了它，我们就不必老惦记着吃药，药盒就能提醒我们。

我们或许不会留意，我们向生活注入了多少与损耗做斗争的规划。当我们雷打不动的按时起床时，当我们写下开会的日程表时，当我们在上班前总到同一家咖啡店驻足时，当我们在打开电脑写作前清理凌乱的书桌时，我们都是在按照固定流程做事。

因为这些固定流程解决了很多问题，我们消耗较少的能量就能达到自律的效果。

在生活中，规划是多多益善的。我在工作时只穿卡其裤和绿球衣（为了稳定我的时尚感）；我聘请一个教练每晚给我打电话进行每日问答（为了强化我的自知之明）；我把所有出行决策都委托给一名助理，而且从不怀疑她的选择（为了规划我的时间）。这是一个极为诱人的方程式：我的规划越多，需要担心的事情就越少。我心理上收获的平和，远远大于我损失的那一点点自主权。

我承认，并非每一个人都像我一样愿意放弃对生活的控制权。有些人喜欢特立独行，他们对强加给他们的任何规划或惯例感到愤怒，好像他们自发的自律从道德上、审美上都比外来的约束要高级。我理解他们。我们热爱自由。但只要想到规划行为带来的好处，我就只想问一个问题："为什么要拒绝多一点规划？"

17

当我们最需要帮助时,却很难找到帮助

当规划和行为相遇的时候,有一个悖论。我们依靠规划来控制生活中可预测的部分,我们知道下一步应该去什么地方、执行什么任务、遇见什么人。它出现在我们的日程表里、大脑中,所以我们能做好准备。我们有规划,比如恰当的礼仪能指导我们。当我们看到这些事情发生时,一般都知道该怎样做。

但是在日程表之外,在我们完全没留意的人际交往过程中,又该怎么做呢?烦人的同事、吵闹的邻居、粗鲁的客户、生气的顾客、令人担心的孩子或者不尽如人意的爱人,都有可能需要我们的临时关注,而我们既没有为此做准备,也没有处于应对他们的最佳状态。如果这些事在错误的时间突然出现,我们或许会因损耗而疲于应对,结果往往会导致悔恨。

这就是个悖论:当我们最需要帮助时,却很难找到帮助。

我们的环境中充满了意外，会诱发我们不寻常的奇怪反应。结果，我们的行为会和我们的利益相抵触。更多时候，我们甚至都不会意识到它的发生。我们缺乏处理扑朔迷离人际问题的规划工具。如果有哪款手机App能解决这个问题就好了，它可以在必要的时候响铃提醒我们：**你现在容易生气，冷静。**

我记得几年前，我朋友德里克59岁的父亲在一次常规外科手术后意外去世。这沉痛地打击了德里克，但是一周以后，他安慰好母亲，处理好后事，重返工作岗位，看起来依然和原来的他一样。然而，在接下来的六个月里，他遭遇了前所未有的职业危机。他的两个最大客户离开了他，两名重要员工跳槽去了竞争对手那里，还有两个项目被取消了。他花了三年时间才重整旗鼓，恢复到原来的收入和地位。

当我问起他工作中的这段黑暗时期时，德里克说："这个故事很简单。我父亲是我最爱的人，他去世了，我深受打击。所以我的行为就像是一个受到打击的人一样，我忽视了一些重要的人，我忘记了一些截止日期，我不回他们的电话。结果，他们很快选择终止与我的商业合作。我自己造成了这些损失，现在我终于认识到这一点了。"德里克没有给自己的行为找借口，把它合理化。在这段黑暗时间以前，他在工作中堪称完美，之后也是。他父亲的突然去世诱发了他工作时的粗心大意，而且他处理不好自己的丧恸。社会为一位亲人去世所提供的规划：葬礼、哀悼期、悲伤咨询师、支持群体和治疗师，恰好对应了库伯勒·罗斯所提出的哀悼周期的五个阶段（否认、愤怒、协商、抑郁、接受）。但是德里克要么对这种处理哀悼的规则嗤之以鼻，要么完全没听过这种治疗规则。他只是在事后承认了自己的困境。在最需要帮助的时候，他却没有得到帮助。

糟糕的会议

下面我们放松一点，把话题从父母不幸去世所诱发的影响，转移到更普通的人际关系问题上，我们常常会因为缺乏规划而应对不佳。我们究竟需要哪种规划呢？

它应该是简单的规划，首先，它能够**预料**到生活中会有很多突发事件；其次，能**诱发**我们明智而有效的反应，而不是愚蠢的行为。我建议，可以把每日问答改造为一种简单的规划，这个过程需要我们为自己的努力打分，提醒我们时刻保持自我警觉。它是一种极大改变我们警惕性的规划。

例如，想象你必须参加一场一小时的会议，这场会开得不得要领、无聊透顶，简直就是在浪费时间，还不如回去干些"真正的"工作，开会前我们一直在干这些工作。你完全不想掩饰自己对这场会议的感觉，光明正大地把不高兴挂在脸上，告诉别人你宁可到其他任何地方干活儿，也不愿意待在这里。你懒洋洋地坐在椅子上，拒绝任何眼神交流，在记事本上随手涂鸦，只有在被点名的时候才发言，马马虎虎说几句敷衍了事。在会议结束的时候，你第一个走出房间。你的目标是熬过这一个小时，你做到了。

现在想象一下，假如在会议结束的时候进行测验，提问你四个有关这一小时的简单问题：

◎ 我是否尽最大努力追求快乐了？
◎ 我是否尽最大努力寻求意义了？
◎ 我是否尽最大努力构建积极的人际关系了？
◎ 我是否尽最大努力全身心投入了？

如果你事先知道要进行这个测验，你会有哪些不一样的做法提升你在这四个问题上的分数呢？

我曾向数千名高管提出这个问题。以下是一些有代表性的回答：

◎ 我会以积极的态度参会。
◎ 我不会等着别人把会议开好，我会主动把会议变得有趣。
◎ 我会尝试以某种方式帮助发言者，而不只是在心里批评他。
◎ 我会准备几个好问题来开会。
◎ 我会尽量让自己在开会过程中学一些有意义的东西。
◎ 我会努力和其他参会人员构建积极的人际关系。
◎ 我会认真开会，把手机放在一边。

每个人都能说出一些好答案。这就是事先知道要测验所带来的激励效果。它让人们在一场无聊会议的环境中坚持与自己做斗争。它让你对自己的行为高度警觉。一个事先知道的测验会产生一种自然的愿望，让你想去努力表现得更好，比如在快乐、意义、投入度、人际关系等方面获得高分。如果半途而废，只会让我们像个傻瓜。

这是我激进的建议：从现在开始，每次开会都要假装会后会接受这样的测验！你的头脑和心灵会因此感谢你。你开会的这一个小时，是你生命中不会重来的一小时。如果你感觉苦不堪言，它就是你的痛苦，而不是公司或其他同事的痛苦。为什么要浪费这一个小时，心不在焉或者愤世嫉俗呢？

承担起自己投入生活的责任，你就会对公司做出积极贡献，同时也开始创造一个更好的自己。

把这个创意当作你改变的一个思维转折点吧。测验通常是一种事后行为，先看表现，再打分。这种假装自己要接受测验的结果，倒转了这个顺序。它不是欺骗，也不是什么花招儿，而是成功人士已经信赖的规划。就像辩护律师永远不会提问他们没有底气的问题一样，你在参加这项测验时，也早已用自己的行动准备好答案。在一个无聊透顶的会议中，这个小测试能在你最需要帮助的时候，帮到你。

18

规划越简单，我们就越能坚持下去

为什么测验只进行一个小时？为什么我们不能一个小时接着一个小时，把自我测验列入我们一整天的规划呢？

任何情况下，我们都可以生活在这三个维度之一：过去、现在、将来。当我们在无聊的会议中饱受折磨时，其实做了两件错事：

◎ 第一，我们沉溺于过去，回忆从前参加过的无聊会议，心里满是悔恨沮丧。
◎ 第二，我们在思考未来，一点都不耐烦，或者毫不关心该谁发言了，稀里糊涂把会开完。

如果我们知道自己在会后要接受测验，哪怕只是假装的，我们也会强迫自己活在当下。我们会留心自己和他人的行为，因为我们知道，一会儿我们就要对自己的行为负责。**现在是最理想的环境。正是在现在，我们把自己塑造成了理想的自己。**我们无法在过去做这些事情，因为它们已经逝去；我们也无法在将来做这些事情，因为它还没有到来。任何事，只能在现在做。

把每日问答调整为每小时问答，就是一个强大的规划，帮助我们活在当下。还记得第12章中格里芬遇到的"冰块叮当响"问题吗？解决那个问题一年以后，格里芬又带着另外一个问题来找我。他住在纽约市，他在新罕布什尔州的一个湖滨社区还有一栋度假别墅，多年来，他和妻子与周围的好几个邻居结为了好朋友，他们都是当地的新英格兰人。每当这些新罕布什尔邻居难得来到曼哈顿时，格里芬就会盛情邀请他们到自己位于上西区的家里做客。格里芬的三个孩子都已长大成人离开了家，所以家里有空余房间，很方便让这些客人过夜。格里芬喜欢当一个慷慨的主人，直到一次意外事件的发生。格里芬是这样说的：

"在新罕布什尔，我们和邻居们来往很多，在湖边大家都这样。所以我们很期待能在纽约与他们重逢。他们是吃苦耐劳的新英格兰人，不经常来纽约。但是连续接待到第三对夫妻时，带他们旅游成了一件无聊的事情，因为总是在重复同样的名胜游览路线：国会图书馆、9·11遗址、纽约现代美术馆、美国自然历史博物馆。我们去高线公园、SOHO商业区和布鲁克林散步，看音乐剧，到高档餐馆吃饭。我们的家在纽约，所以当我们去百老汇看演出或者去博物馆时，是因为我们想去那里欣赏艺术，而不是因为来这座城市旅游，着急要把有名的地方都逛一逛。我对最后这对客人抱怨不已，不仅伤害了一份友情，还让我妻子看出来了。"

马上就又有一对夫妻要来格里芬家做客三天，他担心随着时间的推移，自己就又会控制不住情绪，最终毁掉对方的旅游。用损耗的理论来说就是，他控制自己的努力将会耗尽他的自律，最终令他脾气变坏。他对自己造成的这种处境懊悔不已。客人待的时间越长，他就越感觉这像是一种入侵。他这种情况和参加一场可怕的会议差不多。怎样才能把一个自己害怕的环境变成一段积极体验呢？

格里芬用自我测验来约束自己。他坚信每日问答的力量。

"把每天变为每小时，"我对他说，"当你和新罕布什尔的朋友在一起时，不妨给自己准备几个尖锐的问题，每小时测验一下你的好客热情保持得如何。"

"只有一个重要问题，"他说，"我是否尽最大努力招待我的朋友了？"

朋友到来时，格里芬已经准备好了。每小时问答为他提供了一种规划，指导他的行为，让他保持热情。因此，当他在布什维克街区一家时尚比萨店的人群里挤来挤去时，或者半年内第三次到美国自然历史博物馆中的海登天文馆排队时，格里芬把智能手机设置为每小时定时振动，提醒自己考虑这个简单的问题——**我是否尽最大努力招待我的朋友了？** 并让这个问答贯穿全天。在这个测验中，他也许会成功，也许会失败。在纽约城周游了10个小时以后，他做出了这样的总结：

"我原以为这像马拉松长跑一样，得不断调整步伐，从开始时精神饱满，到最后冲过终点线几乎要累垮。当我感到丧气、憎恨时，是每小时问题拯救了我。在三四个小时之后，我变得更加精神，而不是劳累了。手机一振动，我就要反思我的行为，庆祝自己做得不错，然后继续加油。到一天结束的时候，我原以为会是最劳累、最不开心的时刻，结果我依然保持了当天开始时的状态。这真是美妙的一天。"

规划越简单，我们就越能坚持下去

格里芬的故事看似违背了损耗的概念，但是这种情况在我看来是有意义的。他知道自己每小时都要接受测验，而且希望自己能在测验中表现好，这意味着他若想满足自己的愿望就别无选择。规划消除了他的不开心。**没有选择，就不需要自律，就不会有损耗。**

另外，当下决心要好好行动，最初几步也很成功时，我们往往会产生一种自我实现的动力，这时候我们就不必付出艰辛的努力才能做好，格里芬称之为"恒速状态"（Cruise Control）。就像减肥一样，我们如果能在前四天抑制住抗拒减肥的冲动，之后就不太容易倒退回去。我们不想浪费已经投入的行为产生的收益。好行为成了我们不愿牺牲的沉没成本。

就这么简单吗？当然如此。规划越简单，我们就越可能坚持下去。而每小时问答是非常简单的，它由以下几个平滑过渡的步骤组成，实际上我们很少会把它们当作几个分开的步骤：

1. **预警。** 成功人士一般都善于预测，他们会提前意识到在什么环境下自己的行为会遇到挑战。他们很少会被一场磨人的谈判、可怕的会议或者挑战性的对抗所袭击。他们在迈入房间之前，就已经知道自己要进入什么环境了。因为没有更好的词语描述，我把这种感觉称为预警，就像运动员一样，他们在走向赛场之前，需要高度警觉的思维，他们在更衣室里就会调整好精神状态。

2. **承诺**。成功人士不会在一件事上犹豫不决。选择每小时问答并设计专门的问题，是一种承诺机制。它与单纯的希望区别在于，后者只停留在"想"上，前者是写下目标。

3. **警觉**。我们如果忽视了环境的影响，就很容易受到环境突变的伤害。每小时问答，可以精准、规律地刺激我们的意识，让我们倍加警觉。我们不会忘记自己的处境或者从目标上分心，因为60分钟之内下一次测验就会到来。

4. **打分**。给自己的表现打分会增加我们对自己有意识行动的反思。它是一种令警觉翻倍的力量。一个人独自做一件事是一回事，在被人监督的情况下做是另外一回事。在被观察、被评判的时候，我们会更加自觉，只不过现在我们是在观察、评判自己。

5. **重复**。每小时问答最精华的部分在于它们的重复频率。如果我们在某一小时得分较低，下一个小时就有机会改善。就这样，在这种规划当中嵌入了改进行为的机会。

每小时问答的时效很短。如果指望靠它们来战胜某些长期的行为挑战，比如把你自己重塑为一个更好的人，那将是不切实际、费神耗力的，而且必然会带来损耗。尽管变得更好也需要精准的自我警觉，但是对一个能带来长期持久回报的目标来说，每天或者每周检查就足够了。每天晚上回答你的每日问答，若干个月之后就会渐渐看到收获。这不是信念的瞬间转变，而是一场长期游戏。

每小时问答是为短期游戏准备的，适合在某段时间里，我们需要严格的自律来约束我们的行为的时候使用。对此，我想到了两种普遍情况：

第一种是可怕的事件。这不仅包括可怕的会议或者宾客来访的周末，还包括所有激发我们悲观心理和无心之过的环境。它可能是一场伤感的公司集体退休会，或是一次与很多亲戚共度的忙碌感恩节，或是一场令人失望的家长会。如果我们参与这些活动时不用任何规划来约束自己的言行，悲观心理就会成为一种应验的预言，我们就会给自己制造出不愉快。每小时问答是一种平息悲观心理的规划。它就是我们的选择。

第二种情况是人，那些因为他们的性格和行为干扰我们的人。他可能是高嗓门儿的同事，或者是用六种不同方式复述同一种无用答案的客服人员，或者是当地学校董事会中吹嘘自己无所不知的家伙，或者是在超市里，在你前边带着20件商品堵在10件商品以下快捷通道的购物者。我们都曾见过这样的人，而且往往会受到他们的干扰。在这些时候，我们难以忍受他人的愚蠢和固执，每小时问答给我们带来了一种新的约束。

讽刺的是，我不靠每小时问答来对付那些可怕的事件和讨厌的人。恰恰相反，我要应对的挑战实际上都是**我真正追求的事和我实际喜欢的人**。

假设我与十名最喜欢的客户在一家顶级餐厅共进晚餐。我也没有去了解，不知道有多少人会在这种场合感到恐慌。我在这样的环境中遇到的挑战，就是暴饮暴食和控制食欲的问题。在这种完美环境下，面对满桌美食，我需要帮助自己克制，我并不是唯一有这种缺点的人。但是和非常友好的人在这种节日氛围中，我更加脆弱。客户营造的这种环境，容易令人放弃自律、过度放纵。它又恰好发生在晚上，这时候损耗最严重。食品和饮料都很丰盛，给我创造了机会。我周围的每一个人都洋溢着欢乐的情绪，这也放大了我自己的欢乐，进一步削减了自控力。我对自己说，为什么不享受这一刻，而要等以后再后悔呢？这对我来说是一个危险环境。我成了一个活生生的例子，证明我们在最需要帮助时，却得不到帮助。

这就是每小时问答发挥作用的时候。我知道我在这些情况下是脆弱的，所以我尽量多想一些规划来武装自己。我告诉自己，不要吃那美味的甜点。有时候，我会和坐在旁边的人约定：我们两个都不要屈服于甜点的诱惑。有时候，像奥德修斯用蜡堵住他船员的耳朵一样，我会告诉服务人员，如果我试图吃甜点，请无视我的存在。但即使这样，我依然需要规划。我每小时用一个问题测验自己：**我是否尽最大努力享受与客户共处的时间而非食物了？**

我也做不到始终表现完美，反正有些晚上我也会吃甜点。但是我没有忘记每小时测验自己，以此提醒自己：我不是环境中无意识的受害者。不论我做什么，都是睁大双眼，在有意识地做选择。甚至我给自己打中等分数，也是在锻炼自己，也是一种收获。我越是在这种严格的环境下自我测试，我的自控力就越强，最后它就会成为我的一部分，这就是一个有意义且持久的改变。

19

"差不多"带来的麻烦

行为习惯改变中没有什么绝对可言。我们永远做不到百分百的耐心、慷慨、同情或谦虚,随你任选哪种美德都是如此。

这没什么好丢人的。我们能指望的最好结果就是通过不断的努力和坚持不懈的奋斗,让他人更容易宽恕我们的不足。

例如,你和一个朋友约好一起吃午饭,一向守时的她却迟到了,她最后来到时,诚挚道歉让你久等了。这时候,你会坚持不肯原谅她,把这当作你们友谊中的一大污点,还是会想起她极少迟到,选择原谅她呢?我想,你会和大多数人一样,选择原谅她。

尽管她这次意外迟到,但是因为她的一贯表现,你还是会给她戴上守时的头衔。一次偶然的迟到,只能令她这种美德和长期努力更加鲜明。如果双方角色互换,你会希望对方也能同样原谅自己。你知道,这世上没有百分百实至名归的声誉,哪怕是我们当中最圣洁的人也没那么完美，谁都难免有把事情弄糟的时候。

令人担忧的是，如果我们停下了努力的脚步，迟到就会越来越频繁，我们就会仗着以前的好名声吃老本。当我们开始满足于"差不多"时，就会出现这种情况。

"差不多"不见得总是坏事。在生活中的很多领域，追求完美都是徒劳的，或者至少是对我们时间的低效利用。我们不需要花几个小时品尝美食家厨房里的每一种芥末酱，寻找其中绝对最佳的一种，一个差不多的品牌就够我们抹三明治吃了。

在大多数情况下，我们都会搁置自己吹毛求疵的想法，满足于差不多。经济学家赫伯特·西蒙称为"满意度"（Satisficing），指我们倾向于把日常选择当作挑选商品，不值得花费时间或精力去追逐最后那一点点改善。那一点点改善并不能显著提升我们的幸福感或满意度。

在挑牙膏、洗衣粉、爱情小说或者外卖时，我们都是这样选择的。

在选择银行或者信用卡时，我们会做出看似严格的选择。在选择会计师、律师，甚至牙医、眼科医生、全科医生时，我们也会这样做。但实际上，我们这些选择也是随机做出的，而不是在一大堆选项中进行系统化搜索，然后寻找最佳选择。

我觉得，在选择居住地点时，我们也会满足于差不多。每个人都会抱怨天气，但是我们如果真的在乎完美天气，就都会搬到圣地亚哥，那里有美国最宜人的气候，或者科罗拉多州的博尔德，那里一年有310天晴天。可见，在选择环境时，我们大多数人也会满足于差不多。

当我们的自尊心到了紧要关头时，比如决定申请哪所大学；或者生命攸关时，比如找一名神经外科医生，我们会更挑剔一些。但是考虑到申请排名前100大学的人不到2%，二流的外科医生也从来不缺病人诊治，可见在这些重大抉择中，我们也会满足于差不多，而且效果也还不错。虽然耶鲁大学没有录取我们，或者给我们做手术的医生没有得过诺贝尔奖，但这也没有毁掉我们的生活。

当这种差不多的态度超出市场选择的范畴，进入我们的言行时，问题就来了。

三明治上抹哪种芥末酱可以"差不多"。但是人际交往领域，当我们谈起一个人如何对待他的妻子，或者如何对待年迈的双亲，或者如何对待对他寄予厚望的朋友时，"差不多"的标准就太低了。这时候，我们自己满意并不可取。它只会让别人失望，在本应和谐的地方制造苦恼，极端情况下，甚至会彻底破坏人际关系。

让我们看一看四种诱发差不多行为的环境。

1. 当我们积极性不足时

在许多方面，本书是写给那些积极性不足的人的。像我和我所指导的人都是常人。从理论上来说，积极性饱满的人不需要帮助就能找到做好一件事的自律和规划，变成更好的人。他们的字典里没有"差不多"。

我们知道积极性高的样子，每一个参加过婚礼的人都曾见识过。没有什么能超过一名新娘准备婚礼的动机，因为严重的强迫症和对细节的关注，她们拒绝接受差不多，有毅力坚持减肥，最终穿上比平时衣服小两号的结婚礼服。不妨想想迈克尔·菲尔普斯，为了在北京奥运会上夺取八枚金牌努力训练时的积极性，但新娘们减肥的积极性是他的两倍。我们如果能够控制这种能量，就不需要这一章了。

我们能立即认识到非常努力的人的积极性，比如当我们回家时依然在加班的助理，或者离开电视机走进自己房间写作业的女儿。我们能看出他们的努力，佩服他们，因为看到有人能一脚踢开"差不多"的诱惑，总是鼓舞人心的。

我们也知道积极性不足是什么样子，但我们很少意识到自己已经积极性不足了。当我们做一件事的热情下降或妥协时，当我们无力抵抗平庸时，就是积极性不足的时候。

技能是为我们提供积极性的原动力。为了做一件事，我们拥有的相关技能越多，就越容易把它做好；越容易做好，我们就越乐在其中；越是乐在其中，我们继续做它的积极性就越高涨，哪怕这任务很费神，比如解决一个棘手的技术问题，或者很费力，比如全速绕圈游泳。只要我们擅长做这件事，我们就会不顾代价和风险，一头扎进去。

我们有很高的积极性做自己喜欢的事情，这是说得通的。做得好能带来好回报，这把我们置入了一个不断强化的反馈环中。如果在牌桌前大赢特赢，我们就会继续玩下去。我们面前不断累积的筹码会确定无疑地告诉我们，应该继续坐在座位上。

但是我们往往会忽视事情的另一面，那就是技能不足实际上已经决定了我们的积极性会不足。如果一直没人提醒我们，我们就会忽视技能低下与热情不高之间的直接联系。

我曾问一名CEO："什么会让你快乐？"

他毫不犹豫地说："高尔夫球打得更好。"

我不知道自己希望他说什么，或许是有关世界和平或者终结饥饿之类的大事业，但他绝非我第一个痴迷高尔夫球的客户。

"你现在打得好吗？"我问道。

"其实不算好。我的技术不至于让自己尴尬，但一直也没什么进步。"

"你多大年纪了？"我问道。

"58岁。"

"你上高中时体育怎么样？"我继续问。

"还算可以。我当时是游泳队的。"

"你喜欢锻炼身体吗？"

"我更喜欢和朋友们一起出去玩，纯娱乐。"

"那么，你现在50多岁了，历史上没有哪个运动员到了这个年龄后表现会比50岁之前更好。你的眼手协调能力在下降，所以你缺乏打高尔夫球的先天技能。而且你不喜欢锻炼，我想这对提升球技很重要。可以这样总结你的情况吗？"

他点点头表示同意。

"我的建议是，享受这项运动，不要急着打得更好。你以后的目标不是把高尔夫球打得更好。"

我其实就是告诉他，差不多就行了。这听起来似乎有悖本章的主题，但是也说明了一个重要因素：**缺乏执行一项任务所需的技能，会急剧削弱我们执行这项任务的积极性，某种形式的差不多就会成为我们的精明选择**。它并不理想，但总比拿自己开玩笑好，也胜过先误导别人充满期待，再做出蹩脚的表现，让他们在一些小事上失望。积极性不足会导致不满意的结果。

我们还低估了目标对我们积极性的影响。有时候我们没有实现新年目标，是因为我们的目标是边缘化的，所以我们也只会用边缘化积极性去努力。我们没有瞄准那些核心事务，比如搞定一个可恶的工作，而是瞄准了"报一个班""多旅游"这样模糊不清、空洞无物的目标。边缘化的目标只能引发边缘化的努力。

最后，我们没有认识到，最开始的一点成果会非常迅速地把我们的积极性边缘化。我有时候会在一对一客户身上看到这种情况。他们开始对人际关系目标豪情万丈，稳步前进，六到八个月以后就开始减速。因为他们自以为已经解决了问题，所以不必再那么努力地关注人际关系了。

我的工作就要告诉他们，他们看到的终点只不过是海市蜃楼。他们并不能确定自己是否变得更好了，只有他们周围的人才能确定这一点。了解了这个事实之后，他们的积极性就会重新振作，他们因此继续努力。

提示：你如果因为缺乏相关技能，或者没有认真对待，或者觉得自己做得已经差不多了，从而妥协了对一项任务或一个目标的积极性，请不要担心，找一些别的事，让世界看到你是多么在乎它。

2. 当我们在做志愿工作时

我在前文已经提到过我对弗朗西斯·赫赛尔本的崇敬。她曾做出一项举动，堪称我们的行为典范。

几年前，弗朗西斯收到了一份去白宫的邀请。但是她之前承诺在丹佛市为一个小型公益团体作演讲，演讲时间与白宫这份邀请相冲突。**是去面见美国总统，还是去丹佛作一场免费演讲？**对大多数人来说，这根本不需要考虑。我们会给丹佛的人打电话，解释一下情况，另外安排一个时间演讲，或者承诺明年再来。毕竟这是志愿工作，我们是在给他们帮忙，他们肯定能理解。

但是弗朗西斯选择了另外一条路。她告诉白宫，自己无法应邀。"我已经答应了他们，"她说，"他们在等着我。"真正打动我的，也是她的诚信中最为可贵的是：弗朗西斯从来都没有告诉丹佛她拒绝了白宫的邀请。

我们大多数人都相信自己和弗朗西斯·赫赛尔本一样非常诚信，但是经验告诉我们并非如此。当我们发现自己有借口不尽全力做一些志愿工作时，有多少人会把这种借口当作难得的救生索紧抓不放呢？

我所说的志愿工作，不仅是指利用专业知识做公益，比如一个高级律师免费为公益组织做代理，而且还包括个人主动做出的所有无偿活动。不论是指导孩子们的橄榄球队，还是去救济所洗盘子，不论是监督本地高中里的高危青少年，还是答应去作演讲。我们有时会把无偿视作无法履行承诺的砝码。我们既然可以伸出手来帮忙，那么在不方便的时候也可以抽手退出。原本高尚的意图退化成了差不多的结果；就这样，我们丧失了诚信。

诚信这种美德，要么有，要么没有，就好像没有半怀孕的情况一样，也没有中等高尚这回事。我们需要信守自己做出的任何承诺，才能表现出诚信。

做那些尽我们最大努力就能获得明显报酬的事，并不需要诚信。真正的考验，在于那些愚蠢的承诺，那些我们起初不想做却勉强答应的事，只有在这些事中全力以赴，才算是诚信。我们知道应该做某件事，但是遇到环境的挑战之后，比如累了或者杂事太多，或者我们有了更好的选择，或者它的开销比我们预想中要大，或者白宫送来了一份更有魅力的邀请，我们就会更多地考虑自身情况，抛开那些寄希望于我们的人。

提示：志愿只是个形容词，不是借口。如果你认为帮别人忙就不必尽力，那你就没有帮到任何人一点忙，包括你自己在内。人们会忘记你以往的承诺，只记得你的实际表现。这就好像一家餐厅为无家可归者捐赠食品，但是送出的都是过期下架的食品和残羹剩饭，饥肠辘辘的人只能勉强下咽。餐厅老板或许还以为自己很慷慨，觉得随便捐点东西都聊胜于无。但是聊胜于无远不及差不多，而且在我们做出承诺之后，我们以为"差不多"的做法其实是差很多的。

3. 当我们像"业余选手"一样时

　　在和客户丹尼斯合作一年以后，他的进步令我大吃一惊。他出现的问题是大部分高管的通病：太需要赢得别人注意。我第一次和丹尼斯见面的时候，他好斗的说话风格就彰显了这一点。他总是咄咄逼人，令同事和下属难以招架。不过，他在公司CEO和重要客户面前并不如此，这让他在争强好胜之外，又多了虚伪和拍马屁的坏名声。

　　丹尼斯很快就有了好转，他好胜的心理肯定有所帮助，因为他不愿在同事面前丢脸。但是他仍然有进步的空间，在我们的定期电话沟通中，他总是抱怨妻子。他缺乏骑士风度，他傍晚下班回家到第二天早上去上班期间，他们一直争吵不断。办公室成了他的避难所，本应温馨的家却成了他的战场。

　　我并不经常参与客户的家庭事务，但是丹尼斯表现出来的这种差异令我难以忽视。他在工作中的行为得到了改善，彬彬有礼、宽容大度、谨慎发言，在家却完全是另外一个样子。我目睹他在这一年里养成了高僧般的耐性，成了三思而后行的专家。他不必时时处处维护自己的支配地位，也不介意偶尔被同事打扰。但是很明显，他在家截然相反。

　　我们第二次见面的时候，我问起他这件事。为什么他能在工作中表现得这么好，回家就变回了老样子？

　　"在工作中我必须专业点，"他说，"你的反馈教给了我这一点。"

"那在家又该如何呢?"我问道,"和家人在一起,就可以当业余选手吗?"

丹尼斯一下子哑口无言,眼泪夺眶而出。我这句话击中了他的要害,但我没想到如此深刻。丹尼斯使用的"专业"一词,解释了我多年以来见到的很多不合常态的行为。我们在家里的某些行为,换到工作环境中连我们自己都无法容忍,谁没有见过这样的情况呢?有些只是蠢事,没有什么危害,比如心不在焉、呆板无力;还有些更伤人的行为,比如独自发呆、沉默寡言、孤僻冷漠、不爱社交、生气发火等。我们如果把这些行为从家里带到工作中,就会毁掉我们的职业生涯,所以我们多半不会这么干。

其中原因也不难看出。在工作中,我们有各种各样现成的规划,帮助我们保持专业状态,正式的比如绩效评估和例会,非正式的比如网上的流言蜚语和同事们的闲聊。此外,还有一些强大的动机,比如金钱、地位、权力、保住工作等。

在家里,不论我们是独自居住还是和家人一起住,这些规划和动机都消失了。我们自由自在,想成为什么样子都可以,而且我们并不是每时每刻都志存高远。

丹尼斯就遇到了这样的事情。他在工作中殚精竭虑追求最高标准,在家却甘当业余选手,满足于差不多。他在工作中非常努力地成为更好的人,却从来都懒得把这种努力用在妻子和孩子身上,虽然他们似乎比同事更重要。丹尼斯突然发现自己竟然是个业余丈夫、业余爸爸,这不是他理想的自己,他十分痛苦。

不只是在家庭和工作中,我们每天都会在各种场合面对这种

"专业或业余"的选择。特别是在你不擅长的领域，你更容易选择当个业余选手。

我曾在一家医疗公司的全体大会上发表演讲。我前面那名CEO讲了45分钟。他讲得并不怎么好，只是在念别人写的稿子，在大屏幕上播放了几张幻灯片，很少看下面有没有人在认真听，从头到尾都没有换过音调，也没有插入一些即兴发言来给听众们提神。他这种表现不难超越。我该怎样说才显得比较谦虚呢，我接下来的演讲震撼了整个会场，我走下讲台，和听众们站到一起，回答他们的问题，和他们一起击掌欢笑。我已经习惯了这样的听众反应。这是我谋生的工作，我在乎它，我会努力，所以效果也很明显。

随后，那名CEO言不由衷地恭维了我几句。他说他很喜欢我的演讲，然后又加了一句："不过你是专业演讲家，我知道你为什么比我擅长这个。"

他这是在告诉我，演讲不是他这个CEO的真正工作，他把这项任务和他的其他工作区分开了。作为一个CEO，他认为自己还是很专业的。作为一个演讲者，他给自己的定位就是业余选手，差不多就行了。坦率地说，他连这个水平也没达到。他在这方面给自己的规划就是平庸即可。

我们都会把自己擅长和不擅长的事情区分开。我们总是习惯看到自己的优点，忽略自己的缺点。就好像，这些缺点属于某个陌生人，与我们毫无关联。慢慢地，我们满足于"差不多"，成了业余选手。

提示：在擅长的领域，我们表现的特别专业；在不擅长的事情上，我们则变成业余选手。我们要努力改变这一点——或者至少缩小专业和业余的之间的差距——成为理想的自己。你的优点不能成为你不去改变的借口。

4. 当我们行动不力时

人们会因为两种原因行动不力：要么他们认为自己有更好的方法（典型的好胜综合征）；要么当他们需要遵守别人的规则时，不愿意全力以赴（典型的非原创综合征）。这样故意不合作，常常会恶化情况。

医患关系中，这种遵循不力最为明显。

例如，几年前，我的教练助理理查德做了一次心脏搭桥手术。手术很成功。自从大学毕业以来，理查德在二十年间长了22公斤，这次手术后，他和医生一起计划减掉一些体重。他们共同商定的减肥目标是11公斤，这目标不算极端，也切合实际。他的减肥计划很合理，控制食量，少吃糖类和奶酪，多吃新鲜水果和蔬菜，辅以每天散步40分钟。理查德很快就减掉了10公斤，然后就进入了瓶颈期，渐渐地竟然又变重了几公斤。之后他就把那个体重保持到了现在，他已经40多岁了，却依然只是满足于半途而废，而不是为了自己的健康彻底实现目标。这不同于人们常说的"最后5公斤"，这种假设的"最后5公斤"很难减掉，是因为我们的身体需要它，它们实际上并不多余。但是理查德的情况不同,他要减肥不是因为假设,而是严重心脏病所诱发的。他为了保持健康需要减肥,但他依然半途而废。他最后认为,减掉6公斤就足够了[1]。

不论你承认与否,我们都有遵循不力的问题。**我们都反感别人指手画脚教我们该怎样做,哪怕这对我们有好处,哪怕我们知道不听他们的会造成伤害。**

◎ 一个朋友和我们分享了一个秘密,并提醒说只能让我们两人知道。尽管我们承诺不告诉其他任何人,但我们还是满足于"差不多",把自己的配偶当作例外。我们会对自己说,朋友所说的保密,肯定不是让我们对共同生活的伴侣也保守秘密。

◎ 我们的孩子打碎了某件贵重物品。在告诉我们之前,孩子让我们保证不要生气。我们当时忍住了怒火,但是心里难受了好几天,最后用其他方式责骂孩子,间接发这

---

[1] 我常常想知道为什么医生会放任病人这种错误行为。医生知道遵循医嘱很重要。据报道,30%有生命威胁的病人不能按照医嘱服药。尽管医生在这方面作用并不大,但他们好像认为只要病人离开了诊室,自己的责任就结束了。你的医生最近一次给你打电话或者发邮件询问你是否遵循医疗建议是什么时候?这里绝对有一个改善可以跟进,医生们可以像每日问答的模式一样经常提醒病人,多关心自己的健康。医生已经在用电话或短信确认我们的预约(因为他们希望减少爽约情况)。他们拥有这样的技术,不需要增加任何人力成本,就能督促病人坚持遵循医嘱。民营企业就懂得这个道理,他们开发了至少十几款医疗助手应用软件,每天提醒病人服药。

场火。

◎ 一名客户希望我们每天交流一个项目的进度，但是有时候没什么新情况，我们就跳过去一两天。我们没有告诉对方，就单方面改变了双方每天交流的约定。不论怎么说，我们选择了"差不多"，给客户增添了不必要的困惑。

以上只是从数以百计不肯遵循、令人失望的日常琐事中随机选取的三个例子。我们大多数人虽然能一眼看出别人遵循不力的情况，却不会留意到自己遵循不力的细节。破坏信任、乱扔垃圾、边开车边发短信的家伙总是别人，不是我们。我们永远都不会那么做。

提示：遵循不力时，我们不仅会粗心、懒惰，还会更加好斗、粗鲁。我们对世界嗤之以鼻，宣布："规则不适用于我们，别指望我们会遵守，我们不在乎。"我们划了一道"差不多"的线，拒绝做出任何让步。

20

只要我开始改变,一切都会改变

还记得纳迪姆吗?那个任由对手西蒙激怒自己的伦敦高管。我答应要把这个故事讲完。

纳迪姆非常积极地投入了改变。他完全落实了我要求他做的事情。他站在同事面前,为自己的行为道歉。他承诺要做得更好,请所有人在看到他重萌旧态时都不要吝于给他当头棒喝。他还努力和西蒙建立更加积极的关系,尽管一开始他有些不情愿。以前对西蒙的敌意依然对他有影响。

"我在路上遇到西蒙了,"纳迪姆告诉我,"他也发生了变化。"

"西蒙变不变不是你的事,"我说,"你只能控制自己的行为。"

"为什么要让我独自承担所有努力呢?如果他一点都不努力的话,那岂不太糟糕了。"

"你向前走80%,"我说,"看看会发生什么情况。"

纳迪姆同意了这个建议，并将之列为他每日问答的第一个问题："在和西蒙的关系中，我是否努力向前走了80%？"

他先向西蒙道歉，表达了自己的诚意："对于过去的行为，我十分抱歉。我们的关系不和睦，我应该对此负责。从今天开始，我要变得更好。"他承诺改进自身，并把自己的计划告诉别人，就这样，情况开始发生了改变。

作为纳迪姆的教练，我定期给他打电话检查进度。请注意，纳迪姆在做这些事情的同时，还执掌着一个价值200亿美元、拥有1万名员工的公司部门。他有家庭，他曾到美国和欧洲各地旅游。他有相应的责任，还在几个外部机构任职。他可真是个大忙人。考虑这一点，会引发很多思考。另一方面，他上面还有CEO和人力资源总监，这两个人雇用了他，也在密切关注他的进展。但是，不论日常职责多么劳神，他都会非常积极地去解决他的"西蒙问题"。他深信，他要想成为公司里的模范人物，这项任务非常重要。

纳迪姆确实变得更好了，对此我并不感到惊讶。令我感到惊讶的是，他的"西蒙问题"居然那么快就化解了，只用了半年时间。想想你非常不满的家人、朋友和同事，你在走廊里碰到他们都不会打招呼，你不肯原谅他们，拒绝和他们交谈，甚至把他们从联系人名单里删除。你愿意修复这种关系吗？如果想的话，你是需要六个月，还是需要六年才能做到？

这家公司的人力资源总监玛戈特在这件事上做得很成功，他让纳迪姆把这件事讲给他的下属和公司高管听。我当时不在伦敦，但是玛戈特把现场的情况都告诉了我。

这种做法为什么会有效呢？纳迪姆告诉大家："我确实尽力了。我不辞辛苦去构建良好的人际关系，比西蒙付出得更多。"然后他打开一封西蒙当天早上发给他的电子邮件，作为两人现在肝胆相照的证据，大声读给大家听。"我们几乎都能读懂对方的心思。"他说。

有人问道："你有哪些与众不同的做法呢？"

"我不止向前走了80%，"纳迪姆说，"我向前走了100%。我发现，我只要改变自己的行为，就能带动周围的人改变。如果我竭尽全力，我们会更快地成为朋友。"

玛戈特告诉我，当时在场的人无不感动流泪。

这是不满足于"差不多"的最终回报。如果我们全心投入，用百分百的专注和精力去改变行为习惯，我们就会成为一股势不可当的力量，而不再积重难返。我们就会开始改变我们的环境，而不是被它所改变。我们周围的人能感受到这一点，这也会触发周围的人开始改变。

4

No Regrets
千万别留下遗憾

21

别总拿环境当"替罪羊"

你成年后,印象最深刻的改变是什么?我曾问过数百人这个问题,很少有人能脱口而出。反应最快的人,是一些消除了某个坏习惯的人。51岁的艾米是一家传媒公司的高管,当我问她这个问题时,她脱口而出说是戒烟。

"这不是我最想要的答案,"我说,"戒烟是一件值得敬佩而且艰难的事。但是吸烟毕竟是不健康的,也受到全社会的鄙弃,所以有很多外部压力帮助你戒烟。我想知道的,是你自愿改变的行为习惯,不但令你自己变得更好,还让其他人的生活更加美好。"

艾米想了想说:"对我妈更好算不算?"

这比戒烟更接近理想答案。艾米讲述了一段亲密的母女关系,或许亲密得有点过头了。她母亲已经快80岁了,她们以前每天都聊天,但是话题不是讨论买便宜货,就是为一些琐事争辩。母女二人陷入了一场零和游戏，两个人都想证明自己是正确的，对方是错的。艾米称这种情况为"痛并爱着"。一天，她突然感受到母亲时光已经不多，两个人都不会变年轻，她决定不再和母亲争辩。她没有告诉母亲，只是选择不再和她争辩。母亲发表评论时，艾米就把它搁置起来，让它像云彩一样自然消散。看到女儿不再反驳，母亲也会很快停止发问，反之亦然。

"你做的这件事并非小事。"我恭喜艾米完成了一件比戒烟更伟大的事情。我让她想象一下，如果人们都像她一样与亲人休战，那么在所有家庭节日、感恩节晚餐、生日晚会和旅游中，都会减少很多摩擦。"你不仅改变了自己的人生剧本，也改变了你母亲的生活。这很值得骄傲。"

有些人误解了这个问题。他们回想起了一次工作决策或一次顿悟，将其与改变行为习惯混为一谈。一名财务主管提到他在法学院读大一的时候，发现自己不像父亲和几个哥哥，他并不想成为一名律师。他想明白了这件事后，作出决定：他退出法学院，成了一名金融分析师。但这只是人生路上的一个岔口，并不是改变行为习惯。与之类似的还有一名不苟言笑的艺术品经销商，他说有一次他"意识到并非每个人都是站在我的立场看待问题的"。这是一种对社会的领悟，除非它显著改变了他对待他人的方式，否则它就只是一种领悟而已。

很多人把他们体力和脑力上的努力当成行为的改变。比如跑了一次马拉松、仰卧推举150公斤重的杠铃、重返学校攻读高级学位、学习做面包、学习冥想，等等。我要再次申明，虽然自我完善所取得的成就不容忽视，但是除非做蛋糕或者冥想能显著改善你对待周围人的行为方式，否则它们就不是我想听到的人际交往方面的进步。你只是做了一件有价值的事，并没有改变什么行为习惯。

这时候，大部分人都会哑口无言。他们想不起自己曾改变过什么。看到他们目瞪口呆，我并不感到奇怪。我和一对一客户第一次见面时，他们的情况大部分都是如此。不论这些成功人士多么留心或警觉周围环境，在我拿出证据提醒之前，他们都没有想过要改变自己的行为习惯。我们如果不知道要改变什么，就永远不可能改变。

我们的很多无心之过，指出了我们需要改变的方面。

我们不自觉地浪费了太多时间去思考，而非行动。我们想："要是给妈妈打个电话就好了。"但是如果它真的很重要，我们就应该去做，而不是翻来覆去地想，结果依然只是偶尔打个电话，却从来没有找到一个满意而有益的方法。这大致可以归结为想得太多，做得太少。

我们的思维局限于非黑即白。纳迪姆原来就认为和西蒙打交道时自己只有两种行为选择：要么忍受，要么反击。纳迪姆没有意识到，他的环境是高度灵活的，事情是在发生变化的。其实，任何环境都很灵活，它提供的选项远不止这两种。必须有人给他指点，他这种尴尬局势正是打造积极行为的好机会，可以美化他作为团队一员的形象，附带的，还能帮助西蒙成为更好的团队成员。

大多数时候，我们的想象力是匮乏的。几年前，我才第一次指导做高管的医学博士。现在，我已经指导了三个这样的人：世界银行前行长金墉博士，梅约医院院长约翰·诺斯沃西，还有美国国际开发署前署长拉吉·沙赫博士。他们三个不但都很聪明，而且也属于我所见过的最专注、最正直的人。

在指导每名博士的初期，我都会教给他们6个投入度问题：

◎ 我是否尽最大努力设定明确目标了？
◎ 我是否尽最大努力实现目标了？
◎ 我是否尽最大努力寻求人生意义了？
◎ 我是否尽最大努力追求快乐了？
◎ 我是否尽最大努力构建良好人际关系了？
◎ 我是否尽最大努力全身心投入工作生活了？

他们都是学历很高的聪明人，很少被简单的问题难住。但是我看到，他们每个人在看到第四个问题"**我是否尽最大努力追求快乐了**"时，都流露出了困惑的表情，陷入了沉默。

"你不快乐吗？"我问道。在各自的交流中，这三个人做出了几乎一模一样的回答："我从来没想过去追求快乐。"

这三个人都足够聪明，从医学院毕业以后晋升到了主管，但尽管如此，他们依然需要我来提醒才能想起来追求快乐。了解我们想要改变什么就是这么困难。在这方面，哪怕是我们当中的神枪手，也可能会错过真正的大目标。

我无法告诉你应该改变什么，这是个人选择。我可以列出一份华丽的优秀品质清单，比如热情、忠诚、勇气、尊敬、正直、耐心、慷慨、谦逊，等等。它们是永恒的美德，在我们年轻可塑的时候，父母、老师和教练们曾努力想把它们灌输给我们。毕业典礼的演讲中，我们经常可以听到这些美德。

但是这样灌输美德，并不能强迫我们成为道德高尚的人。如果我们没有迫不得已的理由去改变，不论听到多么犀利流畅的演讲，都很难诱发我们做出持久的改变。我们会认真聆听，不时点头表示同意，然后回去继续我们的老路。导致这种情况的一大原因，是我们缺少践行自己雄心壮志的规划；我们是高瞻远瞩的计划人，同时也是见识短浅的行动人。但是对那三名医生来说，可能还有一个原因，就是他们从未想过要进行这样的改变。

因此，我一开始就向他们介绍了这些投入度问题。我是在迫使他们考虑这些常常被我们忽视的基本问题。提出这6个问题的同时，我给他们讲述了有关环境的课程：环境是如何塑造我们的行为习惯的。然后我坐下来，等待他们的大脑开始运转。根据我的经验，迫使人们在快乐、追求、投入度等基本需求的背景下思考他们的环境，能集中他们的注意力，使他们得以反思自己在这些方面的衡量标准，并探求其原因。

当我们利用投入度问题评估自己的表现，并总结出不足之处时，我们可以归咎于环境，也可以归咎于自己。

我们喜欢把环境当成替罪羊。我们没有设定明确的目标，是因为我们要对很多人负责任；我们没能完成既定目标，是因为我们的目标太多了；我们不快乐，是因为我们的工作没有前途；我们没有构建积极的人际关系，是因为别人不肯与我们妥协；我们在工作中不全身心投入，是因为公司拒绝帮助我们，等等。

除了善于拿环境当替罪羊之外，我们还同样擅长原谅自己的缺点。"环境"这个替罪羊用起来太容易，导致我们很少责备自己犯下的错误或不好的选择。我们很少在工作不顺心时主动承担责任，说"我真是个笨蛋"，相反，我们觉得问题也许在这儿，也许在那儿，但肯定不在我们自己身上。

实事求是地衡量生活中的这两股力量：环境和我们自己，就是成为可怕的自律人的方法。

我写这本书的主要目标非常简单：帮助你在最重要的方面，实现持久、积极的行为改变。我并不负责告诉你需要改变什么。只要稍加反思，我们大多数人都知道自己应该做什么。我的工作是帮助你来做这些事。这改变不见得要轰轰烈烈，变得让别人再也认不出你来。任何积极的改变都聊胜于无。如果本书能对你有所启发，能让你过得更快乐一些，或者让你和亲人关系更密切一点，或者帮助你实现一个目标，我就心满意足了。

但是我还是要努力强调另外两个目标。它们不太属于父母教给我们的传统美德，它们更像是人生的一种积极状态。

第一个目标是留心。留意我们周围发生的一切。我们很少有人稍加留心生活。在旅游的时候、在上班的路上，我们很容易放弃思考。我们在开会的时候忍不住走神，甚至和亲人在一起时，我们也会因为看电视或玩手机而分心。天晓得，我们在不留心的时候错过了什么好事。

第二个目标是投入。我们不但要留心周围的环境，我们还要积极地参与其中，你的任何投入，都会被你爱的人看在眼里。在大多数情况下，投入是最值得钦佩的生活状态。它高尚、又令人愉快，值得我们引以为傲，也值得我们享受。世界上的最高赞赏，莫过于情人或孩子对我们说"你一直在这里等我吗？"世界上最痛苦的莫过于他们对我们说"你从来都不等我"。这就是投入对我们的重要性，也是成年人改变行为习惯的最大礼物。

只要认同留心和投入的必要性，我们就可以强烈地感受到环境对我们的影响。我们或许不知道下一步会发生什么——环境的力量总是出乎意料——但是我们知道别人对我们的期望，也知道自己对自己的期望。我们不再无助地站在轨道上，等着轰隆而来的环境列车影响我们。我们与环境彼此影响：环境塑造我们的同时，我们也在塑造环境。我喜欢用投入度循环来描述这一种平衡状态：

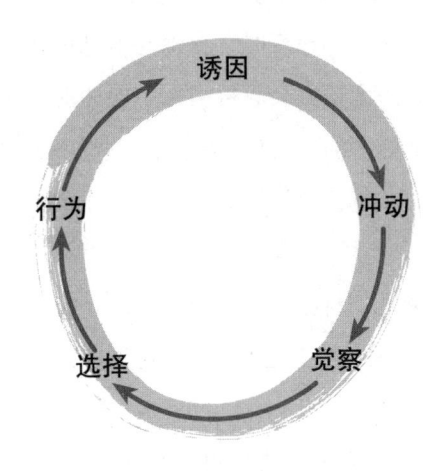

诱因 → 冲动 → 觉察 → 选择 → 行为 → 诱因

投入度循环

这是一种很容易达到的平衡状态。举一个非常常见，我们却很少注意到的例子。我在达特茅斯塔克商学院的研究生管理班中一个名叫吉姆的学生，也是一名主管，他在电子邮件中给我讲述了一个故事。

有一次他正在工作中忙得不可开交，各方面都在出问题：客户责难他，部门主管欺负他，助理请病假。这时候他的妻子芭芭拉打来电话，对他说："我只是想找个人倾诉。"很明显，她在工作中也遇到了烦心事。

"**我只是想找个人倾诉。**"这句话对吉姆来说就是一个诱因，使他停下手头的事来倾听。妻子没有请他提供建议，也没有请他帮忙，连话都没要求他说，只需要他倾听就行。这是他当天得到的最容易做到的"要求"，他应该把它当作一份意外大礼，为之感到庆幸。

但是在听到芭芭拉的声音时，吉姆并不见得会把这通电话当成一份礼物。毕竟，一个诱因会直接引发一次冲动，使他采取某种行为，而吉姆有多种冲动可以选择，并非每一种选择都是理想选择。

他可以比平时接电话更加恼火。选择这样做，这个诱因就会加剧他的坏情绪。

他可以告诉妻子，自己现在真的很忙，并保证稍后就给她回电话，或者回家再讨论。选择这样做，他就是把这个诱发时刻推迟到了更有利于他的时候。

他可以敷衍了事，在芭芭拉倾诉的同时做其他事。选择这样做，他就是降低了这个诱因的优先级，把它变得没那么重要。

他可以自以为是地认为，妻子的问题和自己的问题相比，不论是严重性还是重要性都微不足道,然后详细告诉妻子,她根本没自己惨。这样的话,他就是在和芭芭拉"比惨",还有可能"赢"。他可以采取这种非常没把握的方法,再一次证明自己对了,妻子错了。

或者,他也可以选择倾听。

这些都是自然冲动。我们谁不曾在被强迫听别人抱怨时,感到暴躁或愤怒时,或者在朋友发牢骚的时候神游四海,或者把他人的抱怨当作炫耀自己辛苦工作的机会呢?

当我们没那么留心环境时,我们很容易受到影响。诱因、冲动、行为,它们依次发生,但是间隔时间非常短暂。诱因引发冲动,冲动引发行为,行为又会引发另一个诱因,如此循环不止。有时我们很幸运,在没有选择的情况下做出了正确的"选择";有时候却会做出错误选择。想避免运气对我们的干扰,你就必须学会留心环境。觉察的这一小段时间,虽然不多,但足以让你深思熟虑,做出更好的选择。

吉姆写这封邮件,告诉我他做出了正确的选择。以下是他对自己第一冲动的描述。

我已经打算指出她并不是唯一遇到麻烦的人,然后我想起了你在课上讲的话"我这时候是否愿意进行这项投资,在这方面做出成绩?"我深吸了一口气,决定满足她倾听的需求。我一句话都没说,静静倾听。她发泄完之后说"感觉真好"。这时,我只说了一句话:"我爱你。"

这就是当我们留心环境,全身心投入时出现的奇迹。我们认清了情绪化的本能,并且明智地采取恰当的行动,我们的行为又影响

221

到了其他人，形成良性循环。吉姆就是这样影响他妻子的。她诱发他做了一些体贴、美好的行为，他反过来又诱发了她的积极情绪。他们通过最积极的方式，成了彼此的诱因。不论知道不知道，他们都进入了一个良性投入度循环，而且这个循环很难打破。

22

现在，轮到你开始行动了

想象一下你的生活一成不变。

我不是指你一生只在一家公司上班，或者跟同一个人结婚五十年，或者一直住在你出生的社区。这都是值得骄傲的选择，不必后悔，不该受到嘲讽。长长久久过着幸福生活，这份坚韧值得庆祝。

我也不是指这一生每次到餐馆总是点同样的菜，一直穿同一种风格的衣服，欣赏同样的音乐、电视和书籍，甚至坚持同一种社会政治观点。**哪怕我们是全世界最固执的人，如果一生从不改变口味、观点和生活偏好，那也是不可思议的。** 因为我们的环境不允许我们这样。周围的世界在变，我们也随之而变，因为顺应变化总是比较轻松。

哪怕是最坚定的人，哪怕他一辈子都和同一个爱人住在同一所房子里，做同一份工作，也很难想象他的生活完全没有任何改变。

然而，在我们人生的某个方面，我们以不变为荣。我说的，正是我们的行为，以及我们拒绝改变时对待他人的方式。

◎ 因为一些早已忘记的不满，我们好几年都没有看望过妹妹，甚至好几年都没有和她说话。
◎ 朋友早已长大成人，我们却依然用小时候难听的绰号来戏弄他。
◎ 邻居已经搬来了好几年，但是出于害羞或者冷漠，我们从未向他做过自我介绍。
◎ 我们会因为一名客户向我们提出的要求而感到愤恨。
◎ 我们总是忍不住发火，以致家人打赌我们什么时候会暴发。
◎ 孩子令我们感到失望的时候，我们会情不自禁地责骂他。

我们大多数人都会嘲笑一家从不更新菜谱的餐厅。但我们不会这样责备或嘲笑自己。我们坚持愚蠢的行为，全然不顾谁会因此受伤害。只有危害无可挽回时，或者与当时的行为有了足够客观的距离，我们才会开始反思，也许会开始后悔。

为什么我们这么多年都没和妹妹说一句话呢？为什么我们要对最要好的朋友如此残忍呢？因为不肯把自己介绍给对方认识，我们错过了怎样的人脉呢？为什么不去感谢下订单的客户呢？安慰安慰心烦意乱的孩子,能花费我们多少时间?

当我们日复一日地做出消极行为时——无论是伤害亲人的行为,还是伤害自己的行为——我们都是在用一种极度危险的方式过一种一成不变的生活。我们故意给自己选择"悲惨"生活,并让其他人因此"悲惨"。此时我们用来度过悲惨生活的时间,是我们再也追不回来的时间,更痛苦的是,这都是我们自己造成的。这是我们的选择。

在开篇,我曾保证如果我写得还不错,你作为读者就一定会对生活产生一些小小的悔恨。

现在轮到你行动了。我要求得不多,看完这本书之后,思考一次改变,做了以后不会后悔。唯一标准是,你做了以后不会后悔。或许你会给妈妈打个电话,告诉她你爱她;或许你会感谢一位客户的忠诚;或许你会戒除在开会时冷嘲热讽的毛病。它可以是任何事,不管多微小,只要它把你和你的过去分开。

那就去做这件事。

它会有益于你的朋友、有益于你的公司、有益于你的客户、有益于你的家庭。

更有益于你。最好不过,你从此开始坚持做这件事,成为可怕的自律人。

全球CEO、高管权威推荐

阅读《成为可怕的自律人》,你能获得一种自我意识,成为自己想成为的人,而不是让自己任由外界环境摆布。

——艾伦·穆拉利,

福特公司CEO,美国年度最佳CEO

上了年纪的人总学不了新东西……除非有马歇尔·古德史密斯帮忙。在他的指导下,你能够改变旧习惯,创造新精彩。

——迪安娜·穆里根,

守护者人寿保险公司CEO,《财富》50位最具影响的商界女性

想象一下，花一本书的钱，你就能得到全世界最好的高管教练一对一的指导。马歇尔在书中讲述了如何识别并清除个人成长路上的障碍。不过，关键在于行动，而非计划。买下这本书，开始行动！

——吉姆·劳伦斯，
罗斯柴尔德集团北美公司CEO

我非常有幸参加过马歇尔的培训。他能够触发我人生的改变，帮助我成为更好的领导者。他改变了我的人生和职业生涯，《成为可怕的自律人》也可以帮你改变！

——瑞吉斯·舒尔茨，
欧洲顶级电器零售商，法国达尔蒂集团CEO

阅读《成为可怕的自律人》就像在跟马歇尔聊天，你会得到清楚、实用、可操作的建议。

——伊恩·里德，
全球最大的生物制药公司，辉瑞公司CEO

我最喜欢这本书的地方是，它不仅对商界领导者有帮助，更对所有希望对自己的生活做出积极改变的人提出了一条清晰的路。再次感谢马歇尔，帮助我在人生中不断地做出积极改变、持续的改进。我的家人也很感谢你！

——弗雷德·林奇，
全球最大的住宅用门制造商，美森特国际集团CEO

对于那些希望自己和组织都能创造进步、深远改变的领导者，《成为可怕的自律人》是必读书目。马歇尔似乎毫不费力就能指引人们发现真正重要的事情。他教给我和无数的其他人，如何成为一个严格而富有怜悯之心的领导者。对我来说，生命因有马歇尔而精彩。

——桑迪·奥格，
黑石集团运营合伙人

在帮助他人成就自我这方面，世界上没人能比得上马歇尔。他是高管教练领域顶尖的思想家，推动了人们对自我激励的重新思考。《成为可怕的自律人》诠释了自我意识、自我承诺和积极行为改变的重要性。这本书将照亮许多人的人生！

——费定安·哈桑，
华平投资集团执行董事，博士伦公司董事长

马歇尔让我知道了在生活的方方面面做出积极改变是多么重要。他的培训技巧和宝贵课程能帮助你从人际关系中汲取更重要的意义，让你更深入地理解领导力，获得更大的成功。

——大卫·科恩伯格，
美国时装零售商，Express公司CEO

我是马歇尔·古德史密斯的狂热粉丝，等你读完《成为可怕的自律人》，你肯定也会和我一样。马歇尔承诺，他认真写好这本书，你认真读、认真实践，你就一定会离理想的自己更进一步，度过没有悔恨的一生。不错，读读看！

——肯·布兰佳，
享誉全球的管理大师，畅销书《一分钟经理人》作者

这是一本关于自我实现的智慧之书，里面充满了振奋人心的故事。

——菲利普·科特勒，
现代营销学之父

我和马歇尔一起工作了三十年。《成为可怕的自律人》不仅揭示了我们如何自处，如何变得更好，而且还是马歇尔光辉职业生涯的又一座里程碑。

——戴维·艾伦，
百万畅销书《搞定》作者

马歇尔再次做到了！！！他出色地提出了一系列富有远见且实用的建议，帮助人们进行持久的行为改变。读这本书时，我感觉就像马歇尔在和我促膝长谈，对我亲自指导。从他的思想中学习，从他的故事里汲取养分，并进行积极的改变，我感到十分荣幸。对于所有追求进步的人而言，马歇尔真的是一份礼物。

——戴维·尤里奇，

密歇根大学教授，世界排名第一的人力资源管理思想家

我亲眼见识过马歇尔施展魔力，他帮助一位执高管突破自我，认识到自身的潜力。在《成为可怕的自律人》中，他慷慨地分享了他的秘诀。不容错过的必读书！

——基思·法拉奇，

畅销书《别独自用餐》作者

全球最具影响力的高管教练、商业思想家

马歇尔·古德史密斯博士

马歇尔·古德史密斯博士所获部分荣誉：

- 美国国家人力资源研究院　院士奖
- 美国管理研究院　管理培训终身成就奖
- Thinkers50管理思想家排行榜　世界十大商业思想家
- 美国管理协会　管理领域最有影响力的研究者之一
- 《福布斯》　全球五位备受尊崇的高管教练
- 《华尔街日报》　全球十大高管教练之一
- 《彭博商业周刊》　美国五十大领导者之一
- 《经济学人》　商业新时代最可靠的思想领袖
- 《泰晤士报》　世界15大商业思想家之一
- 《Inc.》　美国领导力教练领军者
- 《快公司》　美国顶级高管教练